贝克知识丛书

DER ZWEITE WELTKRIEG

第二次世界大战

Gerhard Schreiber
[德] 格哈德·施赖伯 著

何 俊 译

上海三联书店

第二次世界大战是世界历史上具有决定性意义的重大事件。本书概述了这场战争的缘由、战前史以及如下战争进程：从日本1931年吞并满洲里开始，到1945年广岛和长崎被投掷原子弹。本书从全球视角出发，不仅描述了各列强国的战争目标及其军事和政治策略，而且涉及战争中出现的恐怖罪行：从对犹太人、辛提人和罗姆人的种族屠杀开始，直到迄今几乎尚未被人关注的在东亚犯下的残忍暴行。本书立足于各项研究成果，引领读者进入第二次世界大战的各个重要历史维度。

格哈德·施赖伯在位于弗莱堡的军事研究部门从事研究工作多年，曾担任德国和意大利的战争罪行诉讼鉴定员。已出版多部有关第二次世界大战历史的著作,1996年他的《德国在意大利的战争罪行:案犯—受害人—刑事追诉》在贝克出版社出版。

谨以此书向我的学术导师克劳斯-于尔根·米勒致以诚挚的谢意。

目 录

第一章　1918年——第一次世界大战的遗留？ … 1

第二章　迈入战争的漫漫长路 …………………… 4
　警戒性征兆 ………………………………… 5
　决定命运的1938年 ………………………… 12
　发动侵略的决定 …………………………… 16
　战争的策动 ………………………………… 22

第三章　不起决定作用的次要战争 …………… 25
　波兰战役 …………………………………… 27
　斯堪的纳维亚战争插曲 …………………… 32
　西线战役 …………………………………… 35

第四章 希特勒主要战争的决策 ……… 40
德国军队的东移 ……… 41
德国战术下的英国 ……… 45
三国协约和欧陆集团 ……… 46
日本向战争的靠拢 ……… 50
有关英美军事联盟 ……… 56
外一篇：轰炸战 ……… 57
意大利的大国主义要求和地中海地区的实际战况 ……… 58

第五章 世界大战的进程和本质 ……… 67
"巴巴罗萨计划" ……… 67
罪孽之战和种族屠杀 ……… 79
1941年下半年的世界政治决策 ……… 86
珍珠港之战——二战之始 ……… 90
日本向战略死巷的扩张 ……… 94
远东之战的残酷 ……… 102
欧洲和非洲军事主动权的变化 ……… 106

第六章 全面胜利之路 ……… 120
意大利的"第二条战线" ……… 121
作为策略共同体的"大战" ……… 127

欧洲的战争终结 ·················· 142
　　远东的决战 ····················· 146

第七章　第二次世界大战的遗产 ············ 153

后　记 ··························· 158

推荐书目 ························· 161
德中译名对照表 ····················· 167

第一章
1918年——第一次世界大战的遗留?

1945年,第二次三十年战争终结了吗?回答有时是肯定的。从这个角度来看,两次世界大战和其间的战争过渡期构成了一个整体,第一次世界大战的结局原本就预示了整整二十年后第二次世界大战的开端。回溯历史,这一论断自有妙趣。只是其所言前因与历史无关,尽管以下事实不可否认:包括社会、意识形态和政治等在内的现象,比如当时德国、意大利和日本主张的修正主义,构成了1914年到1939年间的节点。修正主义拒绝接受一战战胜国1919年到次年间为欧洲确定的现状,也反对参与国在1921年11月12日到次年2月6日的华盛顿会议上通过多个协定确立的远东秩序。

在此背景下，直到 1933 年，对于遭受打击但并未被实质性削弱的德意志第三帝国而言，最迫切的是在最大程度上废止 1919 年 6 月 28 日订立的《凡尔赛和约》。而对那些秉持大德意志帝国神话、要求掌握欧洲领导权的传统领导精英集团成员国来说，这当然只不过是个短期目标。

意大利和日本跻身战胜国之列，但战后和平让它们大失所望，于是两国希望有大幅度的改变。毋庸置疑的是，意大利和日本不像德国那样有颠覆国际社会、实现强权政治的目标，它们追逐的是区域霸权，但其中也不乏对战败国的剥削和压迫。

总体来看，自从 20 世纪 30 年代初以来，一种危机四伏的世界秩序形成。这一秩序冲突重重，在东亚、地中海、南欧和东欧地区显露无遗。有目共睹的是，战争一直是政治的工具。不管是国际联盟，还是 1928 年 8 月 27 日签订的、宣布战争非法化的《凯洛格—白里安非战公约》，都无法改变战争作为政治工具的性质。另一方面，该公约也确定，1918 年之后任何国家都不会图谋发动新的世界大战。要让一场新的世界大战变成事实的话，就需要 1933 年 1 月 30 日这个灾难性的日子——当天，反动势力把阿道夫·希特勒连同他的满脑子妄念推上了执政舞台。这又一次触及了本书开篇提出的那个问题。

纳粹帝国总理的政策是一以贯之的，而战争的意图则为它打了强心针。这一政策的中期目标是占领欧洲东部的生存空间，建立一个欧陆帝国。"元首"就此发表的言论，有些给人贴心之感。事实上，他谋求的是欧陆种族新秩序和充满暴力的强权政治，以此决定到底有谁、以何种方式可以在他统治下的欧洲生存。在这一高压之下，685万犹太人、辛提人、罗姆人和非纯种德国人成为牺牲品。

诸如此类都已超出文化民族向来确立的战争目标范围，也无疑排除了将二战归为一战遗留物的可能性。西方基督教国家的历史被耸人听闻的事件打上了罪孽的烙印，而在这一历史中，希特勒及其同僚的真实意图并无传统可循。

第二章
迈入战争的漫漫长路

直到1938年,希特勒的暴力政治仍能畅行无阻,而国际社会对此持允许态度,尽管他建立的是一个充斥着不公正的政权。从1933年起,希特勒政权将成千上万的政治犯囚禁在集中营里,驱逐犹太人出境,剥夺他们的权利和财产——这些暴行一直持续到1938年底。让希特勒受益的原因是,当时各国政府原则上承认他所掌控的国家主权;此外,意大利法西斯政府头子贝尼托·墨索里尼和日本极端军国主义分子也从中渔利。

尽管如此,我们想问的是,为什么西方国家这么晚才与侵略国的军事扩张展开对抗。起决定作用的可能是:对侵略国的最后通牒在道义上存在争议,在政治和军事方面既风险重重又总是斥资巨大，故而为民众负责的政治家在做决定时还是顾虑重重。此外，英法两国对自己在一战中数百万人阵亡的记录心有余悸。与为所欲为的独裁政权不同的是，民主政府肩负着审时度势、服从现实政治命令的义务，行事必须考虑国家利益。

警戒性征兆

1929年到1933年，世界上大多数国家都爆发了局部的经济危机，此后又发生了持续性的世界经济结构危机，导致社会动荡、经济混乱，为应对经济危机，各国纷纷谋求经济独立，并大规模扩军。

1931年开始的日本对中国东北三省的占领，就有必要置于这一视角下考察。次年，作为"伪满洲国"卫星城的中国富庶省份已被划归为日本的势力范围。由此一来，原材料贫乏、人口密集和依赖出口的日本，便可坐拥丰富的地下资源、充足的居住空间和巨大的销售市场。

美英法三国误以为其商贸和殖民利益并未受到日本的威胁，故而对此反应平平。相反，约瑟夫·斯大林认识到了与修正主义者进行两条战线作战的危险，遂分别于1932年7月25日与11月29日同波兰和法国签订了互不侵犯协定。

国际联盟试着调解：只要日本承认中国在"伪满洲国"的宗主权，它就可以在该地区保留大范围的势力。尽管如此，日本当局还是拒绝了这一提议，在1933年2月24日发动了侵略战争，并于3月27日退出国际联盟。最终，日本这个侵略国并没有受到制裁。

国际联盟应对日本挑战的结果鼓动了墨索里尼和希特勒。对希特勒来说，他上台以后的心之所系，首先是在国内独揽1934年8月以来的执政大权，推动看似有望创造经济奇迹的繁荣形势，以及建设一个现代化的、超越其他大国的、有战斗力的军事强国。为了不损害第三个目标，他在对外政治上践行这样一条路线：保证让魏玛共和国时期业已开始的秘密扩军继续进行，直到本国的军事力量足够降低扩军带来的制裁风险。

这符合德国直至1935年推行的外交政策，虽然政府在1933年10月14日这一天敢冒天下之大不韪：当日，德国代表在日内瓦裁军会议上离席，并宣布退出国际联盟，因为会议将德国的秘密扩军置于危险境地。当时，各个大国害怕卷入政治旋涡，对德国并未进行制约，因此德国从不利后果中全身而退。

原则上希特勒倾向于选择双边协定，因此对集体解决争端的方式不再上心。1933年7月20日,德国与罗马教廷签署了引起轩然大波的协定,之后又于1934年1月26日同波兰签订了《德波互不侵犯条约》。这则条约缓和了德国东部边界的局势,对希特勒这个独裁者来说,这也是进军苏联的准备工作之一。尽管与波兰达成了协议,纳粹政权在1934年仍然陷入对外政治的困境。1934年7月25日,纳粹党人谋杀了奥地利总理恩格尔伯特·陶尔斐斯。此时,在德国与其臭味相投的盟友意大利之间,甚至有一场武装冲突如箭在弦。

1935年3月1日萨尔地区回归德国,这本来可以缓和德意之间的紧张局面,然而希特勒并未利用这一契机进行斡旋;面对国际联盟组织的1935年1月13日萨尔全民公投,他的回应却是一再撕毁条约。3月9日德国开始大规模制造空中武器,16日发布再次引入普遍兵役制的公告。这些举措引起了国际社会的反响。1935年4月11日至14日,法国总理皮埃尔-埃蒂安·弗朗丹、英国首相詹姆斯·拉姆齐·麦克唐纳和意大利首相墨索里尼在斯特雷萨商议应对措施,并发表观点鲜明的最终声明。国际联盟也谴责了德国的行径。5月,捷克、法国和苏联签署互助条约。那么,是否形成了一个国际抵抗阵营,亦即威慑希特勒的"包围圈"呢?

那只是假象而已,因为英国意在利用德国的海空军备,来遏止本国已经显露的国力削弱趋势,为此英国与德国在1935年6月18日签署了一份海军舰队协定。尽管协定保证了英国皇家舰队在可预见的未来高枕无忧地坐享优势地位,但这对长期内视英国为对手的德国而言无伤大局。毕竟,根据协定内容,德国可以在之后几年把军备提升到较高水平,保证它在后续谈判中调用海军部队,以便向英国施压。

同样地,墨索里尼也改变了战略方针。他意欲借助在地中海地区的扩张,让自19世纪建国以来就动荡不安的意大利强大起来。他瞄准的地区是亚得里亚海巴尔干半岛,以及北非和东非——在那里意大利正准备进攻国际联盟成员国埃塞俄比亚。法国在1935年1月对这一侵略行为大开绿灯,而英国则采取了反对态度。

意大利军队入驻非洲,这让德国在即将成为它盟友的奥地利的影响得以巩固,同时巩固的还有德国在其对外经济上的重要区域东南非的影响,在那里德国也曾谋求统治地位。事实上,一场旷日持久的非洲之战是为德国自身利益服务的,这让希特勒向战争双方都秘密提供武器援助。

1935年10月3日,在没有宣战的情况下,一支近

50万人的意大利军队从索马里和厄立特里亚出发，开进只有25万人可以调遣的埃塞俄比亚。一场不平等的战争就此拉开帷幕，而意大利在战争中投放了整整340吨毒气。这一战意大利有9000人阵亡，而包括平民在内，埃塞俄比亚的死亡人数达到了27.5万。1936年5月5日，亚的斯亚贝巴投降，意大利随即宣告建立帝国。此时，意大利法西斯政权与民众之间的共识达到了空前高度。

因为埃塞俄比亚一战，国际联盟在1935年11月对意大利实施了制裁。联盟并没有强迫墨索里尼俯首认罪，这要归因于西方各国对财富和利润无一例外的追逐。1936年7月，西方诸国可以自行选择是否承认这场战争强加给东非的结果，即一份政治及道义上的破产声明。

墨索里尼发动的战争对国际局势产生了深远影响，1936年3月7日，德国国防军趁机侵入莱茵兰非军事区。德军的铁蹄践踏了1925年12月1日签署的《洛迦诺公约》，而该公约原本已经让和平更为可能，并已经引领法德走上和解之路。希特勒集团胆大包天，但为了展开既定战争，则要依仗鲁尔区的志愿军和武器装备，以及一道直接位于法国边界前方的战线。于是希特勒重新打起了算盘，英国对此睁一只眼闭一只眼，而原本想要出手的法国则不敢单独行动。国际联盟实施的制裁？不过沦为形式而已！

纳粹德国大肆进行蛊惑宣传，将莱茵兰的再军事化这一迈入战争途中的重要风向标渲染为"军备自由"的胜利。1936年9月，纳粹德国制订了一个四年计划，目的就是加强军备力量并提升效能。希特勒的一则备忘录一语中的地道破了他的真实意图：四年之内，德国经济要发展到可以备战的水平，而国防军则要能够投入使用。

1936年7月17日，西班牙内战以民族主义军官的政变拉开序幕；1939年3月28日，内战以他们的胜利宣告结束。这场战争对国际社会的行动能力重新提出考验。出于意识形态、军事、经济和外交政治方面的原因，德国和意大利对政变分子给予了支持。而协助西班牙政府的，则有苏联和一支由来自53个国家的士兵组成的国际军旅。在这场野蛮的战争中，足有50万人丧生。战俘被屠杀，女性惨遭强暴，而男性则被阉割。如果牺牲者是共产党人的话，对他们的羞辱则无所不用其极，就连教会的庇佑也无济于事。

西班牙的惨剧为修正主义者对民主政权的蔑视打了一针强心剂。希特勒头一回与他以前期望合作的伙伴保持了距离。1936年10月25日《德意议定书》签署之时，他向意大利外长加莱阿佐·齐亚诺伯爵指出建立一个反英进攻同盟的必要性。一年后,英国成了他不共戴天的"死对头"。《德意议定书》说明了两国之间越发紧密合作的原因,同时提高了意大利在结盟政治方面的地位;1936年11月1日,墨索里尼特它高度评价为"柏林—罗马轴心"。同时,德国与日本还在1936年11月25日缔结了起初反对苏联、实则针对英国的《反共产国际协定》。1937年11月6日,意大利加入这一协定,并在五周后退出国际联盟。

国际政治的德—意—日三角局势成形之时,1937年7月,在亚洲则有一场由日本挑起的战争席卷而来。战争与经济上的大区域计划息息相关,中国则要被迫接受日本的"新秩序"。1939年春,战局僵持不下。当时,进攻方日本在中国北部和中部占据了约170万平方公里的国土,而防御方中国则艰难地逃脱了灭顶之灾。另外,尽管中国国内两党之间芥蒂深重,但为了抗击侵略者仍然结成了统一战线。在惨遭国土轰炸、烧杀抢掠的中国民众心中,抗日意识也日渐增长。

对日军的屠杀俘虏、大肆奸淫及其他诸多残暴行径,各国政府都心知肚明。日军罪行之发指震惊了世界,但没有一国插手干预。只有时机对于中国来说是有利的,因为日本主战派的行为越来越超出国际政治的底线。

决定命运的1938年

1938年,希特勒再次改变他的东亚政策。他牺牲了具有重要经济意义的中国贸易,而承认日本的霸权地位。这跟1936年初露端倪的政治结盟新动向不谋而合。德国与日本加强合作,目的是阻遏西方国家和苏联的对德行动,而当时的第三帝国正躲在欧亚战争的避风区,准备建立作为其欧陆霸权前期基础的中欧统治核心市场。

为以上计划服务的还有1938年3月13日加入的奥地利。奥地利为德国准备好了生产基地、能源储备、物资原料、专业技工以及黄金和外汇,而在1938年,奥地利拥有的这些资源几乎是德国的两倍。另外还有地理战略上的定位优势:通过奥地利可以直接进军欧洲东南部,包围捷克斯洛伐克。

1937年以来,希特勒首先是从西线战役的视角出发,来评判捷克斯洛伐克这个具有重要战时经济地位的国家,认为它会对德国国防军构成威胁。1938年5月30日,他下令将士从10月1日起做好"踏平"捷克斯洛伐克的准备。首先在对外政治上孤立该国,让它国内政局不稳,则是进军的先决条件。该国聚集在苏台德地区、讲德语的少数群体则为希特勒所用。最终希特勒得逞,策动了一场危机,并让它上升到战争状态。为了寻求苏台德地区德意志人问题的解决方案,9月15日,英国首相亚瑟·内维尔·张伯伦与希特勒在上萨尔茨堡会晤。此后,英法两国鼓动捷克斯洛伐克将德意志人占居住人口一半以上的地区割让给第三帝国。9月22日到24日,张伯伦与希特勒在巴特戈德斯堡会面,看似进展顺利,实则二人不欢而散。希特勒向张伯伦发出最后通牒,提出又一轮无法满足的要求。他就想要战争!少数德国军士和外交人员看出了这一苗头,试着阻止希特勒的计划。在苏台德危机爆发之时,第一次形成了一股颇具规模的抵抗力量,当然这股力量就动机和目标来说却又极不统一。

  法国、英国和捷克斯洛伐克采取了战争动员措施,其中捷克斯洛伐克更是在9月23日就已做好准备。在德国方面,7个师进入了出击阵地。此时,欧洲濒临灾难的边缘。鉴于这一危急局势,墨索里尼以中间人的身份站出来,在德英秘密外交中斡旋。为了找到出路,1938年9月底,英、法、意、德四国首脑在慕尼黑会晤,但这场会晤却是以牺牲捷克斯洛伐克为代价的!会谈结果使捷克斯洛伐克在经济上遭受削弱，导致其内部分崩离析、防守无力，因为它失去了苏台德地区的要塞一带。相反，第三帝国又一次得到了很多工业基地、原材料、能源储备和专业技工。就权力政治和大区域经济的因素而论，在奥地利和苏台德地区归并德国以后，起决定作用的就是德国对东南欧国家日渐增长的吸引力。

尽管如此，会晤的结果还是颇让希特勒失望。他原本倾向的是通过战争来解决问题：特别是因为他意识到，采取绥靖政策的政客们一方面施行安抚，另一方面又付诸威慑，他们在这期间削减了德国国防军的军备优势，其举动并不一定就意味着软弱。

英法两国在1938年付出的高额代价换来了停战协议，这跟绥靖政策并不矛盾。如果我们相信，1938年9月30日达成的慕尼黑协定本来可以阻止战争，同时确保英国维持恰好需要的现状，以捍卫其世界霸主地位，并保证英国立于不败之地，那么英国付出的代价似乎也是可以接受的。绥靖政策本来也不是什么无私主义的变体，而是一种服务于国家利益的实用策略——它采取政治和经济上的应对措施，对侵略者的挑战作出回应。其目的在于，将这一策略纳入解决国际争端的规则体系之内并加以操控。在张伯伦看来，这一目的已经实现。

但他没有预料到的是,在会谈之前,希特勒就已告知墨索里尼,对英法开战是无法避免的。希特勒这个独裁者当时假设的是,尽管英国在1937年11月提供了一个利益均衡的方案,但仍会继续阻挠德国在欧洲大陆自由驰骋。于是,他按照这个假设采取行动。慕尼黑会晤三周以后,他又一次撕毁协定。

从1938年10月21日起,德国军队开始部署战略"解决捷克斯洛伐克剩余地区",以及"占领梅梅尔地区"。又一次,他们无须开战就可以达到目的。立陶宛不得不满足德国军队的最终要求,1939年3月23日,德国军队开进了梅梅尔地区。对待捷克斯洛伐克,德国采取了分裂主义手段。而早在3月15日,也就是斯洛伐克宣布独立后的第二天,该国总统埃米尔·哈查在军事暴力的威慑下,被迫签署了一份让波希米亚和摩拉维亚地区沦为"帝国保护国"的口授协定。第一次,德国把魔爪伸向了边界以外的领土。喜不自胜的希特勒在布拉格城堡上大肆炫耀:"我不是要自卖自夸,但在此我仍要坚持表达,我干得太妙了!"看起来,英法两国政府的举动给了希特勒自夸的理由。虽然两国拒绝接受捷克斯洛伐克解体这一既定事实,但也没有断绝与德国的关系,因为张伯伦和法国总理爱德华·达拉第还对尽可能长久地维持和平抱有希望。念兹在兹,但"元首"的行动正好相反。由此,德国纳粹从捷克的外汇、黄金储备、原材料、军备企业和食品供应中获取了大宗利润;此外,备战工作还得到了有力的推动,数目庞大的军事装备以及轻重武器落入了德国国防军手中;再者,斯洛伐克这个附属国还为德国挺进波兰拓展了领地。

发动侵略的决定

希特勒决定在1939年发动战争,这其中有多种因素在发挥作用。可以肯定的是,由于主客观原因,已届天命之年的"元首"感觉到了时间的压力。他并不渴望颐养天年,知道日益扩大军备的敌国正在蚕食德国国防军历经艰辛方才赢得的优势。此外,第三帝国在经济和金融政策方面也处于困难境地。要想长期保持满足人民需求的消费品生产顺利进行,同时又保证军备生产跟得上战争部署,这是绝对不可能的。

总的来说,可以肯定的是,在摧毁捷克斯洛伐克之后,希特勒认为,随心所欲,也就是孤注一掷的时机到了。在此,这个独裁者首先要实现他的中期目标,因为他相信任何后继者都无力承担此事。由此,德国就逐步上升为美、英、日之后的世界第四强国。德国原本就可以控制直至伏尔加—阿尔汉格尔斯克线的欧洲大陆,并占据从大西洋一直延伸到印度洋的非洲殖民帝国。

这一计划与德国在3月21日向波兰发出的又一"提议"也是吻合的:承认波兰的西部国界、但泽走廊、但泽自由港以及在乌克兰的领土要求。而波兰的交换条件是:处于国际联盟监管之下的自由城市但泽必须德国化,通向东普鲁士的公路线和铁路线要享有治外法权。此外,波兰要为东线战争打开方便之门,或者在出现西线战争的情况下,提供掩护。

3月26日波兰拒绝了这一提议,4月3日希特勒就发布了代号为"白色方案"的指令,即1939年9月1日起为随时进攻波兰备战。他要的就是战争,但尽可能不让英国参与进来。随后,各国尽力在国际格局上孤立波兰,唤起本国人民对战争的支持,而让外国人民反对战争,同时阻止各国人民为和平进程而奔走,并推进对逐步实现目标最为有利的大国结盟。

1939年3月15日以后,维和派和主战派之间持续数年的决战开始了。英国声称要求民主,内部孱弱但在军事力量上跟波兰一样自视甚高的法国只能扮演次要角色。张伯伦政府尽管原则上已经做好了对话准备,但变换了政治手段。现在，只要是危害和平的行动，不管在英国政府看来正义与否，它都会采取坚定的措施回应。以下行动都在其列：英法在3月31日发表支持波兰独立的保证声明，在意大利4月7日入侵阿尔巴尼亚仅六天后，英法又将保证扩大到罗马尼亚和希腊两国之上。5月12日，英国与土耳其签署协助声明，稍后法国加入，也归入这类政策之列。英国的威慑行动还包括1939年4月26日引入的普遍义务兵役制，扩大陆军和空军防御，以及在东欧建立一个对抗德国的防御联盟。这个联盟一路改弦更张，但最晚到1939年8月就宣告失败，原因是各个受保护国对在其境内派驻苏联红军参战颇不信任。

而就在此前的7月，下属级别的德英专家会谈陷入僵局。因为英国虽然有意签署慷慨的经济和政治协定，但坚持要求所有的领土变化都必须和平进行。对一心要用武力实现其生存空间计划的希特勒来说，这是无法接受的。4月28日，"元首"退出了与波兰签署的互不侵犯条约，以及与英国订立的海军协定，表示对英国的要求不能让步。他坚持自己的部署，因为波兰在地理战略上的孤立无援对其计划是大有裨益的。此外，自3月中旬起，德苏关系出现了大有好转的希望，因为斯大林向德国发出了愿意互相理解的信号。

针对西方各国，1939年5月23日，希特勒在国防军将领面前声明，在最糟糕的情况下，第三帝国甚至会接受来自英法的挑战。当然，他更希望能阻止英法的干预。而通过建立德意日同盟，这一目标才最有可能实现。对苏联的卷入，则评判不一。德国自信，一个三国同盟协定就可以将英法排除到战争之外，即使意大利和日本不立即主动参与进来的话，该协定也会对英法两国的海路交通和殖民地构成长期的潜在威胁，从而强行瓦解两国自身的力量。

意大利推测德国直到1943年都会避免大的战争冲突，于是在1939年5月22日与德国结成了一个几乎毫无保留的军事联盟，即订立了所谓的"钢铁协定"。相反，日本则在结盟问题上犹豫不决，国内各派出现分歧，仅在协定反对苏联这个决策上达成一致。这一局面在1939年8月20日以后有了改变——当日，斯大林的远东军队在蒙古和"伪满洲国"的边境地区诺门罕—哈拉哈河打得日本关东军落花流水。日本军队将领意识到，他们无法与苏联红军对垒。实际上，1939年9月15日的日苏停战结束了日本往北扩张的战略计划。日本这个岛国，尤其是其海军部队，越来越优先考虑向南扩张，由此站到了与西方国家对立的一面。

1939年8月23日，第三帝国外长约阿希姆·冯·里宾特洛甫与苏联外事人民委员会主席维亚切斯拉夫·米哈伊洛维奇·莫洛托夫签署了《苏德互不侵犯条约》。他们的会面令举世震惊，让共产主义和纳粹主义阵营都大惑不解。在秘密附属议定书中，德苏这两个独裁国家私下就瓜分了东欧。苏联的势力范围包括芬兰、爱沙尼亚、拉脱维亚和罗马尼亚的比萨拉比亚，以及包含维尔纽斯地区在内的立陶宛。按照议定书，纳雷夫河—维斯瓦河—桑河沿线划分了有待分割的波兰国内的双边利益范围。

这一切都符合苏联以现实政治为出发点的目标：重新规划从波罗的海直到黑海的政治版图，为工业化和经济现代化的计划争取时间，加强军备扩充，保证苏联在不必卷入军事战斗的情况下，就成为打得精疲力竭的敌国中的决定性力量，从而阻止东欧重回原状。

直到8月19日商务和信贷合同板上钉钉以后，苏德双方才正式签署《苏德互不侵犯条约》，因为希特勒心怀几个由时局决定的动机：让唯一直接支持波兰的大国中立化，避免长久的两条战线作战，确保粮食和原料供应更为安全，建立能够威慑英法插手战争的国际局势。同时，希特勒坚持占领东欧生存空间这一目标，与斯大林订立针对苏联的互不侵犯条约，其目的还在于，在自己的阵营内部说服那些对德国取胜机会持怀疑意见的人。此外，最重要的是，条约包含一项中立性的义务，让进犯第三国成为可能。日本对苏德签订互不侵犯条约提出抗议，与德国的关系降至冰点。但对德国而言，日本的抗议无足轻重。因为比之苏德条约，之前任何一个德日军事同盟的战略意义都可谓小巫见大巫。

1939年8月的最后一周，世人见证了和平呼吁、斡旋帮助、欺骗手腕、恐吓尝试和备战措施等各种手段。25日这一天，战争帷幕正式拉开。希特勒下令在第二天一早进攻波兰。墨索里尼昭告因为尚未做好战争准备而必须保持中立，此时德国军队已经开拔。在最后一刻，传来了英国和波兰订立相互条约的消息。于是，希特勒取消了进攻计划。

"元首"是在按兵不动吗？绝对不是！希特勒只是在考虑重新出牌。诚然，军队行动是被中止了。但原因仅仅在于，有机会进一步推进尚未完成的战争动员的将领，认为该行动是可行的。简而言之，希特勒策划了一出闹剧，为的就是分裂英法波三国联盟。当结果显示无法成功时，他就在8月31日下令次日发起进攻。党卫队分子将进攻伪装成对波兰发动的边界侵犯的回应，目的是可以在对外宣传上把它渲染成所谓的"应对行动"——实际上是德国对波兰的第一轮杀戮。一场被策动的战争蔓延开来,其肇始者成为罪魁祸首,让所有的后续罪行成为可能。

战争的策动

1939年9月1日早晨,德国国防军没有按国际法强制规定的那样宣战,就径自攻入了波兰。英法立即要求德军停止战争行动,并退出波兰境内。因为德方并未对此作出回应,两日后,国际社会向希特勒发出最后通牒,要求他作出保证。超出这一期限之后,英国、法国、澳大利亚、印度和新西兰在9月3日发表声明,共同向第三帝国宣战。9月6日和10日,南非联盟和加拿大分别加入进来。

希特勒很快向民众和党派发出号召,声称德国的"犹太民主公敌"对战争负有责任。作为后果,希特勒曾在1939年1月30日的帝国议会演讲中预告了"欧洲犹太种族的毁灭",而对此他是认真的。除了作为称霸世界前提的占领东部生存空间,他的第二个真实目标是对欧洲犹太人实施种族杀戮。这一目标的实现从进军波兰开始,动用的是灭绝手段和行政措施。

有关联合战争声明的内部反应，说法不一。9月4日，帝国国民教育与宣传部部长约瑟夫·戈培尔在日记里记载，"元首"很自信，预计直到打败波兰，在西方世界会出现一场"马铃薯战争"①。实际上，9月初，希特勒希望英法可以斡旋。这只是一个幻想，正如德国外务部国务秘书恩斯特·冯·魏茨泽克当月5日在其"文件"中充满预感地写到的一样，要"敌人"同希特勒和里宾特洛甫缔结"和平"是无法接受的。魏茨泽克的观点是有道理的。尽管一再努力达成让步或特殊形式的和平，但是由于矛盾冲突的性质以及主要参与者的基本态度，这些尝试直到最终肯定也无望成功。

希特勒联同德国复仇和侵略政策的军事、外交、经济和学术界代表一起，耗时79个月来准备一场战争。除去原来设定好的休整期，战争足足持续了68个月。1939年夏天，希特勒的目标得以实现。但与其想法背道而驰的是，对波兰的进攻很快转变为与当时两个世界最

---

① "马铃薯战争"：1778年至1779年，普鲁士与奥地利哈布斯堡家族因巴伐利亚王位继承问题而爆发的战争，因为士兵们都是靠在田里挖马铃薯充当军粮，而马铃薯被挖光的时候，战争也就结束了，故而得名"马铃薯战争"。此处用这个称呼暗示即将发生的第二次世界大战的性质是对欧洲统治权的争夺，同时也暗示了战争进程的艰辛。——译者注

强大国的战争。仅英国的辖区、殖民地和托管地，就涵盖整个世界面积的四分之一。此外，官方保持中立的美国对德国也无甚好感。尽管如此，在这场国防军缺乏战略理念的战争中，德国人还死心塌地效忠他们的"元首"。

1939年9月1日，主战派战胜了维和派。"绥靖派"没有能够避免战争，但这也不意味着他们允许战争成为可能。谁想要正确评价绥靖派的政策，就必须自问，在考虑到军事力量、经济形势、内政局面、国际局势以及国际利益的情况下，当时还存在哪些替代方案，什么时候适合执行，并且会带来什么后果。顾及当时的历史形势，并考虑到希特勒大权在握以及战争只是被延迟、长久来看却无法阻止这一事实，绥靖政策的最终结果并不坏。

如果没有与苏联结盟，希特勒也敢在1939年发动进攻吗？对此问题，无法作出非常肯定的回答。但可以确定的是，玩弄权术、讲求现实政治的斯大林与任何政治家一样，首先考虑的都是自己的国家，会采取稳固德国战时经济的举措来大幅度降低战争的门槛。迈出这关键一步的人选，还是只有希特勒。他从自身动机出发走出这一步，没有什么客观必要性，也没有人心怀恶意地诱导他走上这条路。

第三章
不起决定作用的次要战争

　　第三帝国从 1939 年 9 月 1 日起发动战争,而用哲学家卡尔·西奥多·雅斯贝尔斯①的话来说,这场战争在"起源和进行上"体现了"罪孽深重的背信弃义和毁灭意志的肆无忌惮":在战争中,"德国国防军履行了希特勒的罪恶命令",动员了近 460 万兵力。陆军的 103 个师中,43 个师都由步兵组成,其中有 21 个师战斗力较弱,分布在诺德霍恩与巴塞尔之间的西部边境。在东

---

　　① 卡尔·西奥多·雅斯贝尔斯(Karl Theodor Jaspers,1883—1969):德国存在主义哲学家、神学家、精神病学家。雅斯贝尔斯主要研究内在自我的现象学描述,以及自我分析和自我考察等问题。

部则有55个大部队，以及其他小分队，还有党卫军特别行动部队（自1939年起改称"武装党卫军"）的部分力量，外加斯洛伐克的兵力。这些军队并不能完全参战，另外资源紧缺导致储存和补给一再遭遇瓶颈。但是，它们具备旗开得胜、首战告捷的能力。

法国组建了94个师，有将近500万人。就人员、原料和武器装备来说，跟德国可算是势均力敌。9月，英国远征军的第一拨队伍抵达欧陆战场。到1940年5月，英军人数增至40万人，分成13个师，其中也有一部分战斗力较弱。1939年，英国总计有127万人全副武装。

德国的空军武器共计4093架前线战机，其中有1542架轰炸机、771架歼击机和408架驱逐机。而英国皇家空军拥有1460架前线战机，至少有536架轰炸机和608架歼击机可以投入使用。法国的前线战机则有1735架，其中歼击机和轰炸机的数目分别为590架和643架。

德国海军部队有2艘战舰、3艘装甲舰、1艘重型巡洋舰、6艘轻型巡洋舰、21艘驱逐舰、12艘鱼雷舰和57艘潜水艇，相较之下显然处于劣势。而英国皇家海军则坐拥15艘战舰、7艘航空母舰、15艘重型巡洋舰、49艘轻型巡洋舰、192艘驱逐舰，外加62艘潜水艇。法国海军部队可供使用的武器如下：7艘战舰、1艘航空母舰、7艘重型巡洋舰、11艘轻型巡洋舰、61艘驱逐舰，12艘鱼雷舰，外加79艘潜水艇。（另外，还必须对以上引用过的和下文有待列举的数据作出说明：一般来说，还存在其他与此有偏差的数据。再者，还要注意的是，部队、轻重武器、飞机以及战舰在战斗力上无法直接等同。）

波兰战役

9月1日，在重炮和装甲上都占据优势的150万德军，与由37个师和13个旅组成的130万波兰军队对垒，但实际上波兰方面参战人数要远远少于这个数目。波兰的老旧战机无望地抗击德国空军部队，而无足轻重的海军则根本无法发挥作用。

来自波美拉尼亚、西里西亚、斯洛伐克和东普鲁士的德军两大集团军群在波兰首都作战，它们由54个师组成，其中包括6个装甲师。华沙在9月27日投降，同为反抗中心的莫得林要塞也在次日宣布投降。10月6日，最后一支波兰军队也宣布投降。波兰约有9万人口逃往邻国，其中的大多数人最终逃往法国——1940年，约8.4万波兰人在盟军一方作战。

尽管德军的作战重心在东边，但盟军仍然陷入防御状态，这部分由法国的战时动员系统所致。法国坚持赶超式战略战术上的引领原则，执意高估对手实力，并且墨守第一次世界大战的经验。照此经验，法国在马其诺防线，也就是保卫阿尔萨斯—洛林的防御带后面按兵不动、静观其变。此外，英法两国也尊重比荷卢三国的中立，一旦发动进攻，就会包围北部从巴塞尔延伸到克莱韦的德国西线，从而破坏中立立场。发挥了决定作用的，可能是盟军陆军总司令毛利斯·古斯塔夫·甘莫林首推的拖垮对方的持久战策略。

在发动第二次世界大战的主要战役——袭击苏联以前，希特勒在波兰、斯堪的纳维亚地区、西线战区、巴尔干半岛和北非展开的五场次要战争中大获全胜。这主要得益于武器技术、物质原料和战略战术上的优势，对敌军空中武器的快速击溃，以及在有利出击阵地发起的攻击。

为了节约"血液"，德国催促苏联提早进攻。但有四个原因让斯大林对此持拒绝态度：其一，直到9月中旬，苏联才作出在东亚最终排除两条战线作战的决定；

其二，德国的进军速度令人吃惊；其三，苏联自己军队的动员和调配带来诸多问题；其四，斯大林认为，只有华沙和莫斯科之间有争议的地区才值得他上心，计划最早到波兰差不多举国覆灭之时方才出兵。这在9月17日成为事实——当天波兰政府逃亡国外，于是苏联红军开拔。

苏德两国提早瓜分了战利品。9月28日，里宾特洛甫和莫洛托夫签订了一份边界和友情协议，在"迄今的"波兰国划定边界。按照协议，苏联得到了波兰东部。除苏瓦乌基的边角之外，立陶宛自此以后也成为苏联的利益范围。作为补偿，华沙和卢布林各省的部分地区，即与布格河毗邻的区域，划归给了已经得到波兰西部和中部的德国。这样一来，德国的势力范围最远向东扩展了450公里。

纳粹把波兰西部作为帝国大区的但译—西普鲁士和瓦尔特兰并入德国版图。这两个地区面积总计9万平方公里，居民数目为974.5万，其行政专区齐肯瑙和卡托维兹分别归属东普鲁士和西里西亚。一直延伸到与苏联交界处的波兰剩余领地，则被德国人划为"地方长官行使职权之地"，该地区面积9.8万平方公里，居民约1200万。这个区域主要用来接收犹太身份的流民，此外还用于购买和剥削劳工。

一场战争就此结束；至于战争性质，希特勒在签订苏德条约的头一晚就已不容置疑地确定了下来——当时在场的还有德国海陆空三军高级司令及其参谋长，外加国防军总司令部负责人。其性质是：即将展开的战争必定残酷无情、空前激烈。"元首"孜孜以求的不是什么欧洲常规战争，其目标就是要让波兰"生灵涂炭""化为乌有"。战争就这样发生了，而最高军事指挥对此并未持反对意见。

因此，面对陆军最高统帅、大将瓦尔特·冯·勃劳希奇，东线总司令、大将约翰内斯·布拉斯科维茨抗议"屠杀""犹太人和波兰人"，实则徒劳。同样无功而返的，还有东西部战线将帅对六个安全警察突击部队（足有2700人，其下又分为16个分队）罪行的抗议，以及对作战行动上听命于军队的"特殊任务专用突击队"的罪行的抗议。突击部队大量抓捕犹太人、天主教教徒、贵族人士和持不同政见的知识分子，并以所谓的"帝国和德意志敌对分子"的名目将其驱逐或者杀害。不仅帝国党卫军首领、全国警察头目海因里希·希姆莱的部下如此，德国国防军成员也肆意杀害无辜平民，焚烧犹太教堂、农舍和整个居民区，虐待俘虏和手无寸铁的平民百姓，奸淫妇女，抢劫住户和商铺。

另外一个事实是，德国普通民众对波兰人民的命运也漠不关心，在德国战胜波兰之后，波兰人就被视作下等人并遭到不人道的对待。从历史的眼光来看，德波之战及后续的占领统治发展成为一桩典型案例，即通过发动一场充斥着纳粹主义和意识形态的战争来摧毁欧洲。

布拉斯科维茨等人公开谴责希特勒涉及几百万人命运的波兰政策，而勃劳希奇则完全按照希特勒的命令来行事。像其他很多人一样，勃劳希奇同意"元首""强者有理"的观点。如果说纳粹会顾及国际法的话，那也只是根据自己的标准来权衡。

类似布拉斯科维茨所持的观点激怒了希特勒。并非偶然的是，他在1939年10月7日任命希姆莱为"德意志民族性强化国家委员会委员长"，负责国防军所占领国家的种族迁徙、日耳曼化和灭绝政策。在对欧洲犹太人实施纲领性蓄意谋杀这一方面，以上行动领域之间都存在着直接关联。

1939年10月，纳粹德国还发布了希特勒9月1日签署的公告，它批准了被称为"安乐死"的"灭绝不具有生存价值的生命"计划。这是一个长久规划的罪行，战争让其实现变得可能，就像战争也让对欧洲犹太人的种族杀戮成为可能一样。约有12万病残人员被纳粹用毒气、毒药、断粮或者枪决的方式处死，这引起了民众以及两大教派的抗议。纳粹遂在1941年底停止了杀害病员，但并没有完全放弃。除此以外，屠戮似乎并未导致希特勒在广大民众中的声望受损。

在1939年10月6日的讲话中，希特勒要求英法认可对波兰的消灭。当时代表波兰国家利益的是以乌拉斯迪拉夫·希科尔斯基为首的流亡政府，而英法的认可则可能导致波兰人的命运落入德国和苏联之手。法国总理达拉第和英国首相张伯伦分别在10月10日和12日拒绝了这一无理要求，也就不足为怪。所有信号都预示了西线战役的爆发。据戈培尔10月14日的日记记载，"元首""对现在可以进军英国颇感兴奋"。实际上，在发表上述演说三天以后，希特勒就发布了为进攻西欧备战的第6号指令。

斯堪的纳维亚战争插曲

那么斯大林呢？他利用局势，以防在德、英、法矛盾冲突中出现意外。这就包括无情地吞并面积为20.1万平方公里、住有1170万居民的波兰领地。一系列针对波兰上层和知识分子的残酷行动就此引发，被俘军官和警察惨遭杀戮，民众在暴力威胁下被迫迁徙。斯大林的防护策略还包括与波罗的海国家签订援助协议，条件是这些国家向苏联移交军事基地。

在芬兰拒绝了一个类似的要求之后，苏联就制造了一起边境事件，在11月30日进犯芬兰。坐拥3000多辆坦克的120万苏军与20万防卫者对垒，苏联却令人意外地感到力不从心。尽管如此，芬兰仍然不得不在1940年3月13日接受协议，导致10%的领地丧失，40万人流离失所。

当时盟军考虑在芬兰参战，目的是切断德国与瑞典矿山的联系。这虽然意味着可能要与苏联交战，但可以轰炸高加索油田，并且一起破坏苏联和德国的石油供应。该计划在规划阶段便失败了，也导致法国总理达拉第下野。1940年3月21日，保罗·雷诺接任法国总理一职。

在开展西线战役的同时，从1939年底开始，德国也在为进攻丹麦和挪威备战（"威悉河演习"），而希特勒1940年3月1日发布的代号为10a的指令为此提出了三个战略目标：从瑞典补给矿石，为与英国开战扩展出击阵地，掌控波罗的海通道。从长远来看，挪威和丹麦也被计划并入德国的欧陆帝国。戈培尔在1940年4

月9日的日记中透露，"元首"绝对不会再放过"那两个国家"。

就在同一天，德国国防军开始了它三军联合作战的冒险军事行动。德国顺利地占领了丹麦，但挪威的抵抗持续了两个月。而在南部登陆的英国军队无力坚持，这导致张伯伦在5月10日下台，英国组建了一个由温斯顿·斯宾塞·丘吉尔掌权、所有党派参与执政的政府。与之相反，5月28日，北部的英、法、挪、波四国联军成功地重新占领纳尔维克。仅仅因为法国国内的局势发展，解放挪威的军事行动不得不在6月8日中断。两天以后，挪威军队投降，国王哈康七世连同政府一起流亡国外。

人员伤亡和物资消耗让双方都损失惨重，尤其是德国的海军力量因为"威悉河演习"元气大伤。巨大的损失让这样一个疑问浮出水面：尽管德国在经济上获利，针对英国和苏联的供给战争从1941年开始也改善了定位，但这场演习行动是否意味着一次代价高昂的胜利呢？毕竟在北部还有近35万的将士待命，而也许西线战役本来就可以保障矿石输送。无论如何，显而易见的是，由于德国国防军在运河与大西洋沿岸获取了根据地，西线战役的结束削减了挪威基地的军事行动价值。待到东线战役开始之时,挪威对于海上作战的战略价值方才回升。

西线战役

在第二场次要战役还在持续进行之时,希特勒就发动了第三场次要战役。因为天气状况、军队的限制条件及其他因素,希特勒被迫将1939年就已计划好的进攻日期推延了29次。这对西线战役的计划和准备都有着积极影响。然而,军事行动理念中的协同因素上升,这就让1939年到1940年间主要依托军事专业技术进行的反击无计可施。

当西线的"对峙战"在5月10日转为运动战时,国防军遵照一个出色的、但颇有军事行动风险的计划行事。最后,将帅把胜利主要归因于对手恰好犯了他该犯的错误,这样一来,参谋总部的两段式战役——"黄色行动"[①]和"红色行动"[②]就能成为一场大功告成的冒险。

---

① "黄色行动":德军为攻打荷兰、比利时和卢森堡三国以及法国北部的军事行动,开始于1940年5月10日,结束于1940年6月5日。——译者注

② "红色行动":德军攻打法国行动的第二阶段,目的是进攻法国本土,1940年6月5日开始。——译者注

"黄色行动"的军事理念是：不顾比荷卢三国的中立性，将两场扩展式的军事行动发展成为一场强劲包围战，消灭分散在法国北部、比利时和荷兰的盟军部队。这就意味着突破亚琛—北海前线地段，经由阿登山脉，越过马斯，沿着运河海岸线旁的索姆河，以进攻的形式对敌军进行大面积包围。

5月10日卢森堡沦陷，15日荷兰军队投降。5天后，德国坦克部队抵达运河。德军逼近敦刻尔克，而此时为了部署进攻集团，A集团军群总司令即大将格尔特·冯·伦德施泰特下达分解指令，阻止坦克部队的行进。5月24日，希特勒发出停顿指令，确认了这一举措，但是把再次启程的决定权交给了伦德施泰特，为此后者已经等待了太久。当坦克部队5月27日再度行进之时，敦刻尔克就等同于一个遣返军队的要塞。

5月底，很多英国人都对远征军的救助心存疑虑，英国处于一个前所未有的困难境地。尽管如此，经过五天万分艰难的会谈，英国首相和内阁多数成员仍在5月28日比利时投降之时表态，支持战争毫无顾忌地继续下去。这个决定表明，1940年夏被称为第二次世界大战的转折点，不无道理。

在敦刻尔克，盟军开动了64000架战机和2500门大炮；截至6月4日，成功撤离了21.6万名英军和12.3万名法军。这是一场举足轻重的成功。德国失利的责任不应归于希特勒，而应是伦德施泰特。大规模使用空中武器无法弥补他的错误。

6月5日，"红色行动"开始，其目的是：包围从色当开始、沿着马其诺防线一直延伸到瑞士边界的法国陆军驻扎的地区。同时，军队向海岸地区挺近。盟军也确实通过海路成功地转移了19.2万名英国、法国、波兰、捷克和比利时的士兵，外加5万名平民。

为了确保自己在预料之内的和谈中掌握发言权，之前一直"没有参战"的意大利也在6月10日加入进来。意大利陆军共有73个师，人数为168.8万。空军则有8.4万士兵，坐拥2350架前线战机，其中1500架是现代化的。海军队伍颇为壮观，人数共计15.9万，装备包括4艘战舰、7艘重型和12艘轻型巡洋舰、125艘驱逐舰和鱼雷艇，外加113艘潜水艇。

在西线战役的第二阶段，法国军队徒劳地顽强抵抗。鉴于军事形势的发展，在巴黎沦陷后，6月14日，迁往波尔多的大多数内阁成员催逼停战。总理雷诺遂于16日宣布引退。6月22日，继任者亨利·菲利浦·贝当元帅与德国签署了停战协定，其时德国已经占领了包括海岸线在内的法国北部直至西班牙边境；两天以后，贝当政府又与占据了法国境内阿尔卑斯山地区一条狭长边境带的意大利订立了停战协议。在该地区前方一直延伸到罗纳河的区域，出现了一个去军事化地区，还有一个由意大利控制的地区。受命于贝当元帅的还有法国的殖民国及其12.7万人的非洲将士，以及驻扎在叙利亚的4.5万名将士，外加在印度支那（越南）的近10万驻军，他们从战争中全身而退。德国实际上是在8月吞并了阿尔萨斯、洛林和卢森堡。

贝当政府当时位于维希，统治着法国未被占领的地区。希特勒允许这个政府拥有一支武器装备不足，而且无法动员起来的9万人的志愿陆军队伍，一支由1万名士兵和200架老化飞机组成的空军队伍，一支可以有限使用、实际上搁置已久的舰队。希特勒还要求贝当签署一份可能强迫他和盘托出真实意图的和平协议，对此贝当表示拒绝。

与贝当竞争的是夏尔·戴高乐将军。6月28日英国承认了"自由法国国家委员会"，这一事实并未阻止英军在1940年7月袭击驻扎在奥兰市的米尔斯克比尔和达喀尔的法国战舰。英国惧怕德国会对自己的军队采取行动，因此在行动时不得不承受总计1300名法国海军将士阵亡的现实。1941年6月,尽管在对抗叙利亚忠于维希政府的军队时,戴高乐也动用了孱弱的自由法国军队,但直到1942年11月美英盟军在北非登陆,对戴高乐将军而言,一切行动在军事上近乎无足轻重。

从纯粹军事行动的角度来看,西线战役是德国取胜了。"元首"的人气达到了顶点。当然,考虑到5月10日在西线聚集的军事潜力,如果纳粹将军们运气稍微背一点的话,那么这场战斗的进程可能也会有所不同。德国国防军仅有118个师,与之抗衡的则是拥有94个师(算上储备军以及1个师的波兰军共计104个师)的法国军队、13个师的英国军队、22个师的比利时军队外加8个师的荷兰军队。除此以外,盟军出动大炮的数目为14034门,而德军的仅为7378门;在坦克数量方面,盟军也处于领先地位:3383辆对2445辆。空战的结果也说明德国并不占优势。无论如何,诸多迹象都表明,盟军并非因为战争装备处于劣势,而是因为其军事作战秉承过时的行动原则,在交战中没有掌控陆军与空军之间的合作,没有大规模使用坦克,却将它们以营为单位分派到步兵师中。令人难以置信的是,盟军还有三个用作储备力量的重型装甲师,从未作为整体一齐抵达前线。

第四章
希特勒主要战争的决策

西线战役的胜利让德国一跃成为苏联势力范围之外的欧陆霸主国。希特勒希望英国可以认可这一局势，并免除德国开展主要战役的后顾之忧。但丘吉尔政府已经在七周前决定要毫无条件地为自由而战，驳回了希特勒1940年7月19日的"理性呼吁"。英国没有考虑过屈从于德国；同时，美国总统富兰克林·罗斯福发表广播演讲，用前所未有的激烈言辞谴责了那些"独裁国家"。

在军事上，英国专注于抵抗入侵，并开展海战和空战。英国在外交政策上的优先考虑，就是确保美国为其提供重要支持，而1940年冬这方面出现了一个问题：

一向采取现付方式从美国购置货品的英国，面临无力支付的危机。因此，在1940年11月5日罗斯福再次当选美国总统之后，丘吉尔就向他如实告知了这一形势。这推动了双方的会谈，其结果是美国颁布了1941年3月11日生效的租借法案。法案授权那些本国防卫对美国而言至关重要的国度及其首脑，实际上可以免费获取战争物资和后备货品。到1945年，38个国家的政府获得帮助，其价值按照当年的购买力来算的话，介于42万亿到50万亿美金之间。在不必考虑立即支付的情况下，英国可能就要放弃各种各样的大规模预订。然而美国逼迫英国做出商务政策上的让步，要求它毫无保留地开放市场。另外，英法殖民地还有一批技术转让和原材料输送流入美国，价值约为8万亿美金。

德国军队的东移

丘吉尔的外交成功对战争进程起到了不可估量的作用。而从孤立战役出发的德国战略在1940年6月就已失败，当时在欧陆战场上一败涂地的英国仍在非洲大陆坚持作战。

为了从已经出现的尴尬局面中抽身而退，希特勒在 1940 年 7 月 31 日作出决定，即便计划提前，也要在 1941 年春进攻苏联。在紧急情况下，他甚至愿意接受两条战线同时作战。希特勒 1940 年 6 月首次提及了东线战役，但没有确定具体时间，尽管当时他仍期待着能与英国达成一致。从 6 月 19 日开始，在没有收到希特勒指令的情况下，最熟悉纳粹生存空间方案的陆军总参谋长——炮兵将军弗朗兹·哈尔德让人执行代号为"奥托计划"的方案研究。虽然研究针对的是一次目的有限的进攻，但在 7 月 21 日当天，陆军总司令勃劳希奇元帅受"元首"委托，为解决"苏联问题"展开部署，仍可以参考哈尔德的前期工作。东线战役的战略方案即"巴巴罗萨计划"[①]，立足于"奥托计划"的基础之上。1940 年 12 月 18 日，希特勒在相应的指令上签字。这就意味着，从 7 月 31 日起，势不可挡的主要战役"倒计时"已经开始。

在此要注意的是，瑞士和列支敦士登可能会从希特勒的决定中受益。因为从 6 月 25 日起，德国陆军总

---

① "巴巴罗萨计划"："巴巴罗萨"是神圣罗马帝国皇帝腓特烈一世的绰号，意为"红胡子"。他领导了 12 世纪的十字军东征，从穆斯林手中收复了基督教圣地。根据纳粹宣传，德军的东征也具有同样的性质，即先发制敌、防患未然，目的是发动一场神圣的战争，讨伐威胁欧洲文明的邪恶帝国。——译者注

参谋部也在检验对这两个国家发动袭击式占领所需达到的要求。1940年11月11日，尽管德国出于战略局势变化的考虑，把原计划推延到了尚不确定的时日，但是直到1944年秋，占领瑞士和列支敦士登都还大有可能。遭遇同样危险的还有瑞典。就算是葡萄牙、西班牙和土耳其，也时而受到威胁。

以上提及的这些中立国或非参战国，不单单是为德国市场服务，但一般不得不屈服于德国的高压。同样属实的是，让这些国家屈服并不十分困难，因为对德国的出口也为它们带来了高额利润。

就7月底的决定而言，"元首总部的独白"以及其他资料来源证明，这个决定是出于意识形态、帝国主义以及审时度势的考虑。1940年，希特勒在说明进攻苏联的原因之时，声称丘吉尔之所以不屈服，仅仅是因为他期待着美国和苏联的介入。希特勒坦言，在东线战役获胜以后，英国政府不得不放弃这一希望，因为随着苏联战败而上升的日本势力将会阻隔美国在欧洲的军事行动。1945年2月4日，"元首"口授给私人秘书博尔曼一份纪要，其中记录了"元首""不可动摇的、从根基上灭绝世界犹太教及其权力的意志"，也就是说，希特勒意识形态上的主要动机对丘吉尔拒绝与他达成一致起着决定性的作用。1941年9月，希特勒就其战略中的帝国主义成分又发表了独白，认为"东部地区"即是德国的"印度"，并言称那里有着诱人的矿藏、食品和"天生的奴隶"（即斯拉夫人），占据此地就可以实现经济独立，将欧洲变成"最能防范封锁的区域"，并且决定"争夺世界霸权之战"。

这一切都符合希特勒的计划及其灭绝犹太人的狂热野心，而有关这一点，他1941年10月25日在总部也不止一次地公布于众。据他言称，在苏联可以把那个"罪犯种族"送到"泥沼地"，亦即"赶尽杀绝"，这一点他1939年1月30日在帝国议会曾"预言"过，其后也一再公开宣扬。

除此之外，从1941年6月起，东部也为1940年夏由于英军继续参战而无法执行的马达加斯加计划提供了一个备选方案。德国党卫军和外务部计划开辟出一个由国家警察组织起来的巨大的犹太人居住区，一个巨型集中营，可以为放逐到马达加斯加并严格隔离的足足400万犹太人提供住所。作为对抗美国的有力手段，纳粹政权可能会长期肆意差遣这些犹太人。计划书里还没有阐明长远目的，即通过劳役、气候和饥饿来灭绝犹太人，这从方法上看与1939年9月以来在欧洲发生、从1941年6月起变本加厉的事件有所区别，但是就杀戮意图而言并无二致。

德国战术下的英国

想要避免两条战线同时作战的帝国"元首"作出打算，在东线战争开始之前敦促英国投降。为了施加相应的压力，希特勒政权采取了以下措施：发动供应战并通过海空部队来包围英国，轰炸英国军工企业和人口密集区，侵入英国南部，占领直布罗陀，并参与意大利进攻埃及之战。另外，还讨论组建一个反英欧陆集团，其最大区域包括苏联在内，计划从西班牙延伸到日本。

7月中旬以来，代号为"海狮"的"抗击英国的登陆行动"一直处于准备之中，而德国国防军无力胜任这一行动。希特勒在7月底接受了这一事实，但是早在9月对英国空战宣告失败之前，该行动就已被取消。

1940年，由于意大利和西班牙持反对态度，德军加入北非之战或针对直布罗陀的军事行动宣告破产。

事实证明，投入水上部队、潜水艇和飞机的供给战对英国来说尤其危险。但是到了最后，就连这样的战争也不能让英国屈服：1939年，英国仍然坐拥一支近乎1800万总吨的强大商船舰队，尽管它（从1941年12月起为英美联盟）损失的商船数目超过了截至 1942 年 7 月新建的数量。为了更好地实现护航 1940 年 9 月 4 日，英国从美国那里得到了 50 艘旧驱逐舰，交换条件是加勒比海军事基地。从总体上看，致力于保卫护航队和海上封锁的英美盟军在大西洋战役中获胜，主要是因为诸如雷达、声呐等方面技术发展完备，再加上其船坞业强大，以及对敌方无线电语言的有效破解。

1940 年 5 月，英国攻入了德军空中武器的无线电通信，翌年又攻破了其海军的无线电传输。由此一来，英国就在各种情况下及时掌握了德军海陆空战的绝密信息，可以常常在军事行动上利用决定性时机出奇制胜。英军通过特殊情报服务"超级机密（ULTRA）"破译了德军和意军的无线电讯，美军（在参战后）也借助始于 1940 年 9 月、代号为"魔法信息（MAGIC）"的情报服务破解了日本的外交电讯，二者一道影响了战争进程："超级机密"和"魔法信息"减轻了英美盟军的取胜压力，但是跟其他任何单个因素一样，它们对战争也没有起到决定性作用。

三国协约和欧陆集团

西线战役之后，希特勒的外交就只延伸到 1939 年已经讨论过的三国协约。它由德、意、日三国在1939年9月27日签订，由此互相承认了意欲在欧洲和东亚建立的"新秩序"。匈牙利、罗马尼亚、捷克斯洛伐克、保加利亚和南斯拉夫在1940年11月20日至1941年3月25日之间也加入进来。

三国协约的目的是为已经开始或者部署好了的进犯保驾护航。因此，在协约第三条，轴心国隐晦地用发动两场海洋战争来威胁美国。它们想要吓退美国对欧亚两洲的战争干预。这件事被渲染得极不寻常，只是协议伙伴没有像预先确定的那样把军事同盟义务规定得那么清楚，而日本在结盟的情况下也有权自主决定是否向美国宣战。

在初步行动时，日本就表示对缅甸以东到荷属东印度以及新喀里多尼亚北部区域颇有兴趣。日本政府长久以来的目标就是要建立一个更为广阔的统治区。在日本看来，这个统治区包括印度、缅甸、泰国、法属印度支那、法属太平洋群岛、英属马来亚、英属北婆罗洲、荷属东印度、菲律宾、处于托管统治下的昔日德国群岛、澳大利亚以及新西兰。

出于谈判策略的原因，日本从纯理论上接受将印度划归为苏联的利益范围，前提是一个四国协定或者大的欧陆集团可以实现。然而，1940年10月22日到24日，希特勒与法国内阁副总统皮埃尔·赖伐尔、西班牙元首弗朗西斯科·佛朗哥·巴哈蒙德以及贝当元帅举行会谈，其结果是这样的计划无法实现。法国、意大利和西班牙三国之间的利益均衡主要涉及法属北非问题，这本身就已经无法实现，遑论希特勒暗藏的"新秩序"和苏联的野心目标。

在德国、苏联、意大利、日本和美国统治的大区域范围内，各国都在考虑瓜分世界。仔细观察就会清楚地发现，对希特勒来说，包括苏联在内的欧陆集团最多只是一种强权政治的过渡方案。他原本能用这一过渡方案来应对以下现实情况：一是美英靠拢并结盟，二是针对英国的海空战役并未取得理想效果。

意大利对希腊的进攻暴露了这个轴心伙伴国的军事弱点，进攻可能导致了10月底希特勒与并不受他待见的欧陆集团分道扬镳。此外，他对该集团的真实态度可以通过以下事实清楚地表现出来：对这一集团的相关考虑从未导致陆军参谋总部和国防军总司令部中断推进东线战役的各种计划，或者改变其紧急程度。

莫洛托夫11月12日和13日出访第三帝国首都，迎接他的不光是冬天的寒冷；在他出访之前，进攻东部的政策让德国战略重振旗鼓。结果，在之后的会谈中，希特勒再也没有承诺过什么，因为他早就作出了决定。会晤的结果似乎证实了他看问题的眼光。当时对德国唯一具有决定作用的是，苏联运送的备战物资能否准时到达。

因此，德国和苏联的外交联系毋庸赘述，无须再述的还有牵涉芬兰、爱沙尼亚、拉脱维亚、立陶宛、波兰、匈牙利、罗马尼亚、保加利亚、南斯拉夫、波罗的海出海口和土耳其海峡的政治争端和利益冲突。只需确定这一点已经足够：苏联的要求和想法有时大大超出既定协议，而这些是可以商议的。

但这一点对希特勒及其盟友来说无关紧要，从1940年夏天起，他们就在着手准备，为实施"巴巴罗萨计划"保卫欧洲北部和南部的侧面。在包围苏联并明显将日本纳入德国战略范围的三国协定签署以后，德国及其盟友认为它们的局势有了明显改善：东部的闪电战看起来是可以进行的；同时，原来计划的消灭苏联也应成为全球性战略的解放战争。据此，看来1940年晚秋就出现了在战胜苏联后继续开战的相关草案，但非常具体的计划到1941年2月中旬方才出台。草案涉及阿富汗、印度、伊朗、土耳其、叙利亚、伊拉克、埃及、北非、直布罗陀、马耳他和大西洋群岛,其主题是在全世界范围内持续推进西线战争。

日本向战争的靠拢

加入三国同盟之时,日本就放弃了1939年8月以来对德国保持的观望态度。西线战役的胜利导致法国和荷兰在东南亚的殖民地处于一种可被瓜分的状态,同时让英国在那里的基地变得易受攻击,这就引起了日本的贪欲。其实,在这之前,日本就已经顺应新局势作出了应对。1940年5月,日本通过一场军事演习摸索了本国与美、英、荷三国的战争冲突;还试探了进犯英属马来亚和荷属印度(那里可以开采令人垂涎的石油)的可能性。另外,偷袭珍珠港的初步计划已经成形。英军从欧洲大陆撤离后,不久日本就利用英国的困难局势,阻止经由缅甸和法属印度支那输往中国的补给。从1940年7月中旬起,英国不得不封锁缅甸通道3个月。

为了执行日本对外政策最紧急的目标,即成功结束在中国的战争,以及踏上向南扩张之路,日本在7月底召开了一次政军两界联席会议,作出以下决议:增强与德国、意大利的合作;改善与苏联的关系;在依靠中国发展的前提下与英法建立联系;为美国参战采取预防措施。远东会出现战争扩大的危险,这最为清楚地体现在以下方面:日本政府将占领东南亚原料地区视为战胜中国的必要条件,而这一胜利得到了美、英、苏的支持。这一纽带关系意味着各国大跨步迈进了第二次世界大战,而三国同盟构成一个阶段性目标,尽管其中没有出现强制性因素,也并非所有参与国都支持战争扩大化。

罗斯福总统希望,美国直到最后都能避免卷入战争,这一点是在他坚定而又精确权衡后作出经济和军事行动的决定之时也必须考虑的。1940年7月,他限制飞机汽油、机油、钢铁废料、熔炼铁出口到日本,这不啻为对日本的另一种警告。尽管如此,在1940年9月22日签署的《河内条约》中,日本仍然逼迫维希政府在印度支那北部为它提供基地,给予它攻打中国南方省份作战军队的通行权,并允许它对中国施行经济剥削。9月26日,罗斯福以一纸禁运令作出回复,让日本损失了三分之一的钢铁废料进口。在前一天,中国国民政府收到了美国一笔2500万美金的贷款,而在11月底又有一笔4倍数额的贷款到来。

就南部扩张来说,尽管日本1939年9月对外签署了停战协定,但仍必须厘清与苏联的关系。苏联政府对此并没有表现出太大兴趣，1940年底的双方谈判于是陷入僵局。巴尔干战役带来了意想不到的转机。从1941年4月6日起，德国军队占领了南斯拉夫和希腊，这给斯大林留下了深刻印象，让他确信德国国防军具备超越本国军队的实力。因此，他想要通过套近乎的方式来安抚希特勒，借以争取时间。斯大林这样做了，尽管他对德国的意图以及1940年夏末开始的德军大举挺进东部心知肚明。而德军东征起先被错误地视作政治上的勒索行动。像以往一样，苏联和日本在巴尔干半岛局势发展上达成了中立协议。协定于1941年4月13日签署，免除了日本向南扩张的后顾之忧，即便苏联倒戈，日本也能从中渔利。而苏联再次确保东部边界安全无事，由此扩大了自己的行动余地。中立协议意在直接暗示希特勒，斯大林倾向于接受1940年11月里宾特洛甫面对莫洛托夫草拟的外交基本路线，其中包括加入三国同盟。然而，这一切都建立在至少两个错误估计的基础之上。

一方面，根据秘密警察的消息，斯大林推断第三帝国政府内部出现了内讧。他推测，那些穷兵黩武的军国主义者计划把有意接受和谈的希特勒和里宾特洛甫逼进一场与苏联的武装冲突之中。这个错误推测斯大林从未承认，也可能部分解释了他直到最后仍然无视现实的原因。另一方面，斯大林认为，只要德国和英国在拉锯战中消耗得筋疲力尽，希特勒就可能永远无法达到目的，三帝国造成的危害不攻自破。有了这样的想法，斯大林就始终坚持他1939年的考虑。出于这个原因，斯大林矢志不渝地在时间因素上押宝，直到德国发动袭击那一天，还坚持他的安抚政策。希特勒绝对不允许别人向他发出挑战。实际上，为了让德国满意，苏联付出了一切。期间苏联对德国的武器运输也尽可能地做到了准时，尽管从1940年秋起，德国对苏联的回报因为备战东线战役远远低于协议数量。

就日、苏、德中立条约来说，其达成也显示出德日之间并不存在一个协调好的、诚实的结盟政策。在1941年3月5日的第24号有关"与日本合作"的指令中，希特勒特别强调，决不能向日本作出半点有关"巴巴罗萨计划"的暗示。实际上，日本是在对德国进攻意图毫不知情的情况下，于4月13日签订了协议。日本此举再次让德国吃惊，因为日本外相松冈洋右1941年3月27日和4月4日在柏林参加了会谈，但对此事缄默不语。

除此之外，这一议定完全符合希特勒的战略，但德国计划让日本尽快在东亚向南进军，其目的在第24号指令中表述如下："让英国快速投降，并借此让美国置身于战争之外。"德国不知情的是：在日本看来，英美两国是无法分开的。相反，第三帝国政府了解到美日在秘密举行令人不安的官方和非官方的谈判。一旦利益均衡达成的话，美日谈判就可以取得让美国在大西洋地区毫无顾忌地施展拳脚的结果。

美国政府恰如其分地评价中立条约，称这一举措为日本向南扩张免除了后顾之忧。因此，在日本威慑政策的背景下，美国政府宣告中国将会得到借用和租赁方面的援助。承诺从1941年5月开始兑现。同时，美国国务卿科德尔·赫尔向日本驻美大使野村吉三郎移交了"四项原则"，并表示对这些原则的接受应该成为重新塑造双边关系的基础。具体到细节方面，美国政府要求日本尊重所有国家的主权和领土完整，不干预他国内政，承认各国之间，尤其是在贸易问题上的平等，并且放弃使用非和平手段改变太平洋地区现状。

日本在进攻之后的外交活动和内部局势分析，给人的感觉是既不专业又混乱不堪，引起了诸多不信任和误解。可以理解的是，美国通过"魔法信息"获得了日本的背景情报之后，就持续加强对日本的经济压力。从5月底开始，美国不再对日输送铁矿石、铬矿石、锰、铜以及其他原料，此时日本军备陷入危机之中。因为缺乏运输空间，从 6 月 20 日起美国政府禁止日本从美国东海岸港口进口石油，日本处境雪上加霜。

6 月 3 日和 4 日，希特勒、里宾特洛甫与日本驻德大使大岛浩将军会晤，本着理解可能发生情况的精神，他们提及了进攻苏联，但日本政府大多数成员并不相信此事。6 月 21 日，也就是进攻苏联的前一天，美国提交了"四项原则"的准确说明。这些原则的意图是为了达成一致意见，而从根本上说，这又对刚在 6 月 16 日决定进军法属印度支那南部的日本不利，因此当时的近卫文麿政府表示拒绝。

苏德战争爆发以后，日本军方和政要临时讨论了是否优先向北、而不是向南扩张的问题。出于主要是经济方面的考虑，日本推行的是 1939 年以来计划的行动。在此，日本至少是以首肯的方式被迫接受与美国开战。从 6 月 25 日开始，可以确定的是，日军要进军法属印度支那南部，为了对新加坡、马来亚和荷属东印度发起陆空袭击创造有利的初始状况。天皇的某次会议批准了于 1941 年 7 月 2 日发起袭击的计划。当下的任务就是通过向南扩张本身来实现"新秩序"，如果说这就一定意味着要与英美交战的话。日本政府没有预料到的是，"魔法信息"会破解天皇在场时拟定的会议决议的部分内容，于是确认了长时间以来设定好的战争路线。

有关英美军事联盟

德日在没有协商的情况下就确定了"大战"的发展方向，而英美之间一直密切的关系变得愈发紧密。与此同时，罗斯福总统一方面致力于增强本国军事实力，推行扩军计划，比如在 1940 年 7 月 20 日批准建造跨越两大洋的军舰，并为引入普遍义务兵役制做准备；另一方面又大力支持英国。

1940 年 11 月，美军领导层表示，如果卷入战争，美英双方的军队应该集中精力对付德国和意大利，而避免与日本交战。就在当时，美国众位将军已经建议总统与英国展开高级领导层面上的秘密会谈。1941 年 1 月 29 日至 3 月 27 日，美英双方举行了一系列会谈，确定了可能出现的联合战争的原则，并规定双方共同策略的重心应放在大西洋和欧洲地区，因为德国是"轴心国"的领头羊。会谈还确立之后在战略原则上仍要坚持"首推德国"，并认为一旦日本参战，美英联军就需要在太平洋地区打好防御战，直到战胜德国。自从租赁法生效以来，美国就被视为"民主国家的弹药库"，逐渐从中立转向了不主动出击的立场。有鉴如此，自从敦刻尔克战役以来，英国令人惊叹的承受力发挥了重要作用。

外一篇：轰炸战

早在1940年5月英法局势呈现绝望之态的时候，英国皇家空军轰炸机司令部就已经开始实施战略性空战。直到战争结束，英军轰炸机对德国进行了373514次轰炸，其中只有1383次发生在1940年4月末以前。从1942年8月直到1945年5月，美国陆军第八航空队总共发动了332904场空袭。在此过程中，英美空军分别抛下了多达97万吨和63.2万吨的炸弹。它们摧毁了德国为战争服务的工厂和运输系统，但仅凭这些并不能对战争起到决定性作用。而对于德国城市居民来说，尤其具有毁灭性打击的是英国皇家空军发动的撒网式轰炸。举例来说，姑且不论巨大的物质损失，在德国足有43.6万人在轰炸中丧生，其中包括约37万平民，殃及吕贝克、罗斯托克、科隆、柏林、汉堡、德累斯顿和鲁尔区。英军轰炸机司令部也损失了超过10100架轰炸机，5万空军士兵牺牲；美国陆军第八航空队的牺牲人数也差不多，并损失将近5500架飞机。

不管是英国还是德国发动的轰炸战，都不符合国际法的通行规定，因为这两国自从1942年4月起就表现出恐怖主义的征兆，蓄意站到了反人类的一面。从数量上看，德国的空中武器原本可与同盟国的相提并论，但也无法胜任轰炸攻击战，原因是缺少装备实力和物资材料：从1939年到1944年，德国建造了足足11.18万架飞机，英美建造的飞机数目分别为11.95万架和26.76万架。尽管如此，这也无法改变战争性质。

在英国，在炸弹和报复性武器（导弹和飞弹）下丧生的平民有60595人，其中大都在1940年和1941年罹难。从1942年起，英国在空袭中遇难的人数约为1.7万，其中有8938人被德国1944年6月12日到1945年3月30日发动攻击的10833架V型战机炸死，而这些轰炸机只有6876架击中了英国国土。在此可以回溯的是，那些V型战机在比利时造成多人丧命：从1944年9月15日直到战争结束，遇难人数达到6448。

意大利的大国主义要求和地中海地区的实际战况

与法国停战以后，各国之间的陆战暂时局限在地中海—非洲区域内。墨索里尼想利用这一点，以便清楚地展示他的统帅才能。出于同样的原因，他在6月向希特勒提供了在北部作战的海空部队。1940年冬，意大利75架轰炸机和98架歼击机与英军交战；9月，为了在大西洋地区作战，还有27艘潜水艇开进波尔多。

墨索里尼的行动欲望背后藏着他的恐惧，他害怕本国若没有取得战事胜利，就不得不在和会上四处向人求情。该会议可以构建意大利"帝国"，并且满足意大利的多方要求：获得各大洋的准入权；吞并尼斯、科西嘉岛、马耳他、突尼斯和科孚岛；占领索科特拉岛、亚丁湾、丕林岛、西奈半岛，以及摩洛哥和阿尔及利亚的部分地区。此外，意大利还想侵占从利比亚到埃塞俄比亚的宽广国土枢纽线，最终吞并英埃苏丹（英国和埃及共同管治苏丹）的广大地区。墨索里尼希望占据的还有英属和法属索马里，以及法属赤道非洲的部分地区。占据这些领地，协商势力范围，与土耳其和阿拉伯国家订立条约，其目的都是保证意大利王国在地中海地区包括近东的领导权。

1940年8月18日，意大利对英属索马里的占领结束，这一事件就该从上述角度来看待。只有当29.1万人的东非部队有实力接下来进攻苏丹，从而与先行的来自利比亚的军队汇合，那么占领英属索马里才具备战略意义。事实上，1941年1月，为了解放整个东非，英军和忠于皇帝的埃塞俄比亚军队采取了进军行动。在进行了一段时间的顽强抵抗后,在埃塞俄比亚的意大利主力军队不得不于5月18日投降。

这是一场在心理上有着重要意义的胜利,因为在此之后,罗斯福总统宣布红海和亚丁湾为和平地区。由此,美国的供应船队可以在苏伊士港内航行,夺回这些地区不仅缓解了海运形势的压力,也解放了北非急需的军队。

在北非,意大利第十军于1940年9月13日开始挺进,三天后在埃及国境线80公里外的西迪—巴拉尼驻军。意大利军队在等待给养之时,"沙漠之狐"隆美尔的军队却退而求其次地选择了埃及国境线东部130公里处的马特鲁港。

10月28日,意大利无视1939年的英国保证声明,向希腊发起了进攻,而此时在沙漠里,一切看起来仿佛都还悬而未决。权力政治动机、德意两国之争、自大轻敌导致了一场战役的发生,意大利又因为准备不足而以一场失败告终。意军起初节节取胜,后来在阿尔巴尼亚国境以北60公里到120公里的战线上,却被得到英国皇家海空部队援助的希腊军队击退。临近年终之时,阵地战的前线陷入僵局。

与此相反的是,英军1940年12月9日在北非发动了一场攻击战,将意大利第十军逼退到900多公里之外。在损失8个师之后,1941年2月,德意联军的残余部队停留在了阿格海拉。仅仅因为这一点,利比亚就没有受损,否则可能就会危及法西斯政权的继续存在;因为英国已与希腊达成协议,为了抗击预料之中的德国进攻,将从1941年3月4日起,从北非向希腊转移约6.2万人的军队。

为了展开东线作战,就需要巴尔干半岛的安宁,并牢牢控制罗马尼亚的石油资源。于是,自1940年11月起,希特勒及其同僚考虑向希腊出击。然而,在意大利"领袖"12月19日和28日分别为进攻北非和阿尔巴尼亚发出求助之前,德国国防军已按照第20号指令"玛莉塔作战"计划占领希腊大陆。此外,德国外务部也在谋划希特勒的第四次非主场作战。他们成功地摧毁了英国寄托的希望,即由土耳其、希腊、保加利亚和南斯拉夫组成反德战线。

1941年初,X号飞行军作为首个德国部队参加了地中海区域的战斗。1月19日到20日,希特勒与墨索里尼会面,标志着意大利的"平行作战"画上了句号,这个大国的自主权终结由此开始。

从2月8日开始,后来的"德意志非洲军团"的原料和部队抵达利比亚首都的黎波里。3月24日,德意联军统帅、当时的少将埃尔文·隆美尔下令展开侦查行动,出乎意料的是,直到4月13日,这场行动让德意联军再次占领除托布鲁克以外的昔兰尼加。5月和6月,英国反击失败,因此直到1941年11月,战争局势并未发生实质性变化。然而,对海域的控制和"巴巴罗萨计划"却导致从英国1941年夏开始出现给养不足的问题。

德国第十二军对东南部的保加利亚发动进攻之时,3月27日这天,贝尔格莱德发生政变,让两日前完成的加入三国同盟变得无效。在同一天,希特勒还发布了猛攻南斯拉夫这个多民族国家的第25号指令。南斯拉夫新政府计划执行一条中立路线,并非一味反德,对此没有人感兴趣。

希特勒的军队反应迅速,4月6日,巴尔干战役开始。第十二军(包括8个师和3个团)以保加利亚为起点,向萨洛尼卡发起攻击;第二军和有着15个师的坦克部队第一军则从施泰尔马克、匈牙利、罗马尼亚和保加利亚出发,对南斯拉夫展开进攻。短短几天后,由10个旅组成的匈牙利第三军卷入战争,参战的还有坐拥38个师的意大利第二军、第九军和第十一军。1153架德国飞机和320架意大利飞机提供空中支援。

南斯拉夫军队被划分为 32 个师和 9 个旅，其空军有 400 多架飞机。希腊军队则有 21 个师、4 个旅和 80 架飞机。另外还加上 2 个英国步兵师，1 个坦克兵旅，以及皇家空军的 7 个飞行中队（约 84 架飞机）。

进攻方在任一方面都占优势，动用对平民颇具毁灭性打击的空中武器，向毫无防备的贝尔格莱德发动了恐怖袭击。4 月 9 日，希腊军队就已在马其顿东部缴械；从当月 14 日开始，英国准备撤退远征军团。4 月 17 日，南斯拉夫投降，国王彼得二世及其内阁出逃。4 月 20 日和 23 日之间，在伊庇鲁斯和马其顿西部作战的希腊军队也停止抵抗。尽管如此，在非常严峻的情况下，英国皇家海军没有动用重型武器和器械，仍然成功解救了足足 5.1 万名士兵。直到 5 月 3 日，进攻方占据了希腊大陆以及除克里特岛以外的所有大型岛屿。约 34.4 万名南斯拉夫人、1.19 万名英国人和 22.3 万名希腊人沦为战俘。

有了克里特岛，英国就可以控制通往爱琴海和黑海的入口，并轰炸罗马尼亚的油田。因此，希特勒在 4 月 25 日下令准备"水星行动"，5 月 20 日，这场由陆军以及德国和意大利海军参加的大规模空降战开始。

英国通过"超级机密"这一情报机构准确获悉了有

关"水星行动"的消息,得知马莱迈的兵力几乎不足以在进攻中保住机场,但因为绝对不能——比方说通过大幅增强兵力来让"超级机密"颜面扫地,所以防守方的司令也不得不试着跟当地的军队一起严防死守。5月21日,马莱迈失守,这对争夺克里特岛的战役具有决定意义。两天以后,足有1.75万名德国国防军滞留该岛。希腊国王乔治二世及其政府在5月24日投降,并流亡英国。在29日和30日撤退的英军和希腊军中,还有1.8万名埃及军人。

德军掳去了近1.7万名战俘,另外还屠杀了数不清的平民。这是因为在战役结束后,第十一伞兵集团的指挥将军——空军少将库尔特·施图登特下令采取所谓的报复措施。不管在此前发生了什么,报复措施都是对相关国际法的蔑视。

另外可以确定的是,尽管轴心国攻占了克里特岛,但空降部队的巨大损失却阻止了德国国防军进攻马耳他。直到战争结束,德军高层还不敢发起具有类似风险的军事行动。马耳他只是间或被空中武器击中,但作为对抗北非供给的进攻基地并未被攻破。

除此以外,希特勒就没考虑过立即在地中海地区大范围地利用其第四场次要战役的战果。不管东南部的胜利主要取决于什么，它都能保证德国利用罗马尼亚的油田资源，并且在东线战役中获得一个安全的南翼。与一再所称相反的是，巴尔干战役并没有在实质上推迟东线战役的开始，对它更没有什么决定性的影响。

德国、意大利和保加利亚将希腊瓜分为占领区。德国要求占据萨洛尼卡及其周边地区、包括比雷埃夫斯在内的阿提卡南部飞地、土耳其边境上的得莫提卡、克里特岛的大部分地区（剩余部分归意大利），以及米洛斯、希俄斯、米蒂利尼、埃夫斯特拉和利姆诺斯诸岛。保加利亚得到马其顿东部、色雷斯西部、萨索斯和萨莫德拉克诸岛，以及斯特里蒙河以西的一小块领地。意大利则占据了希腊剩余的国土和大多数的岛屿。

在南斯拉夫，德国事实上吞并了下施泰尔马克、克恩滕南部和上卡尼奥拉，并控制了塞尔维亚。意大利获得了广阔的领地，包括卢布尔雅那和阜姆省、达尔马提亚行省、黑山傀儡国和阿尔巴尼亚的扩大版图。保加利亚（南斯拉夫属马其顿的部分地区）和匈牙利（巴奇卡、巴拉尼亚南部以及穆尔河畔的一条狭长地带）也没有遭受什么损失。1941年4月10日，克罗地亚宣布自己为加入轴心集团的附庸国。形势新调整导致的结果是：在国家主义和共产主义反抗运动风起云涌的前南斯拉夫领土上,直到战争结束都不得安宁。

直到"巴巴罗萨计划"结束之后,德国才想起要在地中海和西亚地区作出战略决定,而英国则从中渔利。英国把近东掌控在手中,英军在 4 月 2 日到 5 月 30 日横扫伊拉克;1941 年 6 月 8 日到 7 月 14 日,英军联合法军打败了托管地区叙利亚和黎巴嫩的、忠于维希政府的防守军队。此外,英国本土前线上的形势也有所缓和,因为自从 5 月中旬起,60% 以上的空军武器力量转移到了东部。这一点是确信无疑的。

就这场"大战"而言,到 1941 年 6 月 22 日德国进攻苏联之时,各国力量就已经重新洗牌——至少乍看如此。

第五章
世界大战的进程和本质

从理论上讲,直到1941年12月7日日本偷袭珍珠港,日本的政界和军界要人都可以随时阻止迈入世界大战的步伐——只要他们念及于此。他们没有作出如此举动,原因也是德国对东欧的入侵。这样看来,在拉近国际社会向20世纪第二次"大战"这场灾难靠拢的途中,德国东侵迈出了关键一步。

"巴巴罗萨计划"

为了对苏联掩盖其真实目的,希特勒自始至终推行的都是迷惑和安抚的政策。因此,德国1940年下半年输往苏联的货运是断断续续的,但从1941年春开始变得顺畅起来。

1941年,斯大林无疑致力于双边关系的缓和,但史学界对其真实意图一直以来存有争议。他计划主要采用"经济绥靖"的方法说服纳粹政权,让其相信合作的好处,以此为苏联众多的经济和工业改革计划赢得时间。同时,斯大林还希望希特勒将更多的精力放在与英国的空战、海战和北非沙漠战的对抗上。当然,斯大林的谋划并没有妨碍他在靠近边境的西部军事区稳固防御阵地,以此来应对德国国防军的行进。

在对苏联推行欺骗政策的同时,德国还成功地争取到了芬兰和罗马尼亚,让它们积极参与"巴巴罗萨计划"。面对苏联,这两个国家都有账目需要清算。6月底,斯洛伐克、匈牙利和意大利也与苏联进入交战状态。西班牙佛朗哥政府派出一支志愿军,即所谓的"蓝色军团"[①],而希特勒希望西班牙此刻也可以参与对英作战。相反的是,希特勒原本想要放弃东线的匈牙利和意大利,而这

---

① "蓝色军团(Blue Division)":二战时期在东线给德军助战的一个西班牙志愿者师。佛朗哥既要报答西班牙内战时德国的支持,又要与西方同盟国保持和平,就约定该师只能与苏联军队作战。该师正式制服不是西班牙军服,而是西班牙法西斯政党长枪党的蓝色上衣,因此得名"蓝色军团"。——译者注

两个国家硬要正式加入进来。

这样的自负符合德国与法国停战以来的狂妄心态。战争取得节节胜利后，军队士气倍增，民众自信满满，军民对希特勒政权的信任也随之增长。西线战场速胜之后，纳粹政权坚决要在苏联发动首场规划已久的闪电战。另外，希特勒也想从当时存在的红军人员问题以及苏联的军备困难中获利。因为这些问题是暂时的，所以希特勒与在1939年时一样，感受到了时间压力。

考虑到德军的大规模军备，应该将闪电战定义为一种阻止战争冲突升级为全面战争的军事策略。为了达到快速取胜的目的，需要在有限时间内投入精准计算出来的优质的人力和物力资源。

与波兰、挪威、丹麦、卢比荷国家、法国、南斯拉夫和希腊的交战，符合传统规划意义上的战略，但会出人意料地快速行动。也就是说，在为进攻苏联的闪电战备战之时，德国国防军从根本上说是首开先河。因此，让人越发惊奇的是，自大的德国有多么轻敌。国外的军事专家也作出了错误估计，但这看起来无足轻重。

苏德两国相距遥远，苏联的公路和铁道网并不完备，而且只有五分之一的德国前线士兵认为闪电式的扩张战役是合适的，尽管如此，德军首领仍坚持认为短期交战后即可取胜。他们甚至不考虑为军队准备好替补人员和生产装备。另外，他们认为，一个可使用12个月的弹药库装备，外加可以维持3个月的器械储备，已经足够。此外，在组建东线军队时，还有众多人力物力上的权宜之计，姑且不论多个环节还存在准备不足的情况。直面事实，装腔作势力的乐观主义就显得做作了。

在这样的前提条件之下，既不可能出现预料之外的惨败，也不会发生战争一直延长到冬季来临的情况。也就是说，将军们颇不专业地认为军队会旗开得胜，否则就要面临灾难的威胁。

按照计划，1941年晚秋就要剿灭德维纳河和第聂伯河以西的苏联红军大部队，让斯大林失去重要的战争资源和生产基地。为此，到1941年冬季伊始，作为进攻者的德军就必须达到21号指令中提出的"战役的终极目标"：在6月22日开启的进攻位置以东1500到2500公里之地开辟一道战线，它以里海边的阿斯特拉罕为起点，沿着伏尔加河延伸，直到白海海边的阿尔汉格尔斯克。这是可以实现的，尽管困难重重：由于运输工具不足和交通路况糟糕的原因，在德维纳—第聂伯河沿线对岸进攻的德军一方面没有得到足够供给，另一方面只能有重点的展开行动。

代号为"巴巴罗萨计划"的战役不只是代表一场具有闪电战理念的占领之战,也是希特勒发动的一场针对犹太人、布尔什维主义者和斯拉夫人的消灭战,它违背了国际法对开战的规定。对所谓"种族敌人"的杀戮,则是纳粹的一个准军事行动目标,对此负责的是四个隶属于安全警察和保安处的突击部队,而国防军则通过残酷作战来提供支持。在战争开始前,甘愿效劳的军事和法律界助手就已将希特勒的意图转化为命令,从国家层面上将战争罪行合法化。这一进程开始的标志是发布了一项"公告",规定"在'巴巴罗萨计划'区域①行使战争司法权,并对军队采取特殊措施",取消了士兵因为对平民犯罪而受到的强制性法律追究和制裁。同样违背国际法的还有"对待政治委员的方针",它规定对某一类被俘的军官处以枪决。希特勒让军官誓死效忠这场战争,而这些军官又将这一观念普及到军队之中。比如1941年5月初,出于自身动机,第四坦克兵团司令员、大将埃里希·霍普纳让人向下属部队发布了一道指令,其中首先引用"日耳曼人对抗斯拉夫民族的战争"和"抵抗犹太布尔什维主义"。随后又说:"在装备和执行上,

---

① 亦即开展"东线战役"的区域,也就是苏联地区。——译者注

任何战斗都必须以强硬意志为导向,即无情而彻底地摧毁敌人。尤其是对待今天的苏联布尔什维克,不能心慈手软。"

在"巴巴罗萨计划"中,德国国防军被迫接受了近3000万同胞处于饥饿之中的事实,这主要是因为在占领区作战的东线军队需要粮食给养。数百万苏联人民也活活饿死,其中的犹太人和战俘更是不计其数。这场大规模的丧生有着受制于形势的军队后勤方面的原因,但首先还是要归根于意识形态。

1941年6月22日,德国撕毁条约,在没有宣战的情况下向苏联发起进攻,充斥着各种战争恐惧的东线之战就此拉开帷幕。

空军部队在东线坐拥约3900架德国飞机以及1000架盟国飞机,其中足有2000架向苏联空军的机场发起袭击,摧毁了1200到2000架飞机(大多数在地面上)。

东线部队有305万名士兵,分布在3个集团军群(10个军队总指挥部、4个坦克兵团、43个总指挥部、145个师)。其装备足有3400辆坦克、250门突击炮、7150门大炮、60万辆机动车(包括装甲侦察车)以及62.5万匹马。此外还有约69万名来自芬兰、意大利、罗马尼亚、匈牙利和西班牙的士兵。

在西线军事区有4个集团军群（由140个师和40个旅组成的10支集团军）与之对峙，据不完全统计，估计有290万名士兵、1万辆坦克、7500架飞机以及威力强大的重炮可以投入使用。

在战斗的第一阶段，德国的进攻让苏联完全措手不及，因为非常清楚希特勒进攻计划的斯大林对所有警告一概拒绝或者无视，包括苏军总参谋部预先袭击的考虑。一直到最后，斯大林都指望与希特勒协商，不愿相信希特勒胆敢进行两条战线作战。1941年3月，苏联驻柏林的间谍机构就已发来信报，透露德国的袭击是板上钉钉之事。信报还说，希特勒的总参谋部认为苏联红军只有能力在边境沿线进行为期8天的艰苦抵抗，而相信德国军队可在25天后抵达乌拉尔山脉。

因为德国有这样的想法，而且可以肯定的是希特勒及其战略幕僚全无受到苏联红军威胁之感，那么根据当前的研究现状，有关纳粹在斯大林行动之前先发制人的高谈阔论或者大书特书纯粹就是胡说八道。德军在利沃夫和比亚韦斯托克附近集结，苏军总参谋部从中并没看出什么进攻意图。苏联将帅甚至无意间帮了德国的忙，因为苏军在边境区突出部聚集，从而减轻了德国国防军谋求的包围计划的压力。戈培尔在6月14日的日记里对此写道:"苏联人似乎什么都还不知道。无论如何,他们就这样长驱直入,一如我们希望的那样:他们大规模行进,成为我们容易猎取的战利品。"

简而言之,有传言说苏联的进攻如箭在弦,而德国国防军应对起来困难重重,这是纳粹编造出来的煽动性消息,在6月22日昭告全民。

直到7月9日,陆军元帅费多尔·冯·博克率领在莫斯科作战的中部集团军群,在比亚韦斯托克和明斯克两地进行的双重会战中,摧毁了6月底以来被全面包围的苏联西线方面军,俘虏32.4万人。接下来,7月16日,德军取道第聂伯河和德维纳河,迅速进攻斯摩棱斯克。但是该城市郊外的包围战直到8月5日方才结束,31万人沦为战俘。在此期间,苏军拼死抵抗。可能的原因是:1941年7月3日,斯大林发布了对"卫国战争"和游击战的号召,尽管号召充满戏剧性,但对民众来说仍然可信。

紧跟斯摩棱斯克战役之后,就适合对莫斯科发起进攻,目的是在当地获得军事决定权,这是陆军总司令冯·勃劳希奇和大将哈尔德[①]的意愿。但是希特勒下令阻止了

[①] 弗兰茨·哈尔德(Franz Halder,1884—1972):德国一级陆军上将,54岁出任德国陆军总参谋长,1942年夏天被希特勒免除职务。——译者注

莫斯科前方360公里的中部集团军群，转而用该军群的坦克来支援北线和南线集团军群。他遵循的是经济和政治目标：占领克里米亚和顿涅茨克盆地，切断高加索对苏联的石油输入，包围列宁格勒并与芬兰军队会合。

在这期间，陆军元帅威廉·里特尔·冯·勒布率领的北线集团军群占领了波罗的海地区，到9月13日又完成了对列宁格勒的包围：一场为期900天的围攻开始了，最终导致足有100万平民丧生。另外，局势发展显示，德国和芬兰可能无法成功占领对苏军海外补给具有重要意义的港口——阿尔汉格尔斯克和摩尔曼斯克，以及环白海地区。

8月8日，乌曼附近的包围战结束，10.3万人被俘。此后，陆军元帅冯·伦德施泰特指挥的南线集团军群按计划抵达第聂伯河湾。从8月25日起，德国的各场战役出现成功在望的转机，9月攻下基辅；而被调往东线的苏联西南部集团军群则经历了艰苦卓绝的抵抗，遭受毁灭性打击，66.5万人被俘。

10月2日夜，"东线士兵"通过"元首"的一纸号令得知，他们必须"开始最后的强劲一击"，在"冬季来临"之前"摧垮"敌军。于是"台风行动"开始，亦即进攻莫斯科。

德国北部集团军群在列宁格勒和拉多加湖作战，而南部集团军群则朝着库尔斯克、卡克夫和顿涅茨的方向发动进攻；与此同时，中部集团军群也开启了向苏联首都的进军。陆军元帅冯·博克调用第二空军队伍，以及由78个混合兵种组成的3个集团军和3个坦克兵团，总计190万人。这些数字令人眼前一亮，只是队伍状况存在很多问题：发动机燃料不足，有足足一半的坦克和22%的机动车受损无法投入使用；一方面人员大量伤亡，另一方面又存在后补不足的情况；可用于冬季作战的军备器械不够；几乎所有快速作战部队都来不及休整，就马不停蹄地从一场战役赶赴下一场。

尽管如此，在那场所选季节时令太晚的决定性战役中，博克还是打赢了第一个回合。在维亚济马和布良斯克的包围战中，他率军摧毁了9支苏联方面军，俘虏了67.3万人。但是苏联这个国家有着不屈不挠的抵抗意志，拥有充足的坦克和大炮储备，以及包括可以调用的预备军人在内的1400万名士兵。

从10月中旬开始，秋雨及随之而来的泥泞期让德军的进攻停滞了足足三周。冰冻的地面为大范围的快速坦克作战创造了理想条件，博克在11月15日继续发起攻势。12月初，战线延伸至莫斯科以西20到60公里处。

在莫斯科，斯大林利用泥泞期带来的暂时停战为防御做准备。这就意味着要疏散部分民众和国家机关，开启进攻状态，从该国所在的亚洲地区征用休整过的现代化兵团，并委任诺门罕—哈拉哈河战役的胜利者——格奥尔基·康·朱可夫将军为西部集团军群总司令。

相反，在进攻莫斯科遭受重创之后，要再次追击，博克就缺乏军事储备了。他的集团军群部分遭到封锁，其他的则精疲力竭。12月4日，零下40摄氏度的气温让东线部队措手不及；由此一来，负责监管前线各段空缺的侦察队停滞不前。在12月6日红军发起反击之时，德军也在停顿之地冲出重围，引发了那场哈尔德称为两次世界大战中最大的军事危机。勃劳希奇、博克和其他将领离职，从12月19日开始，希特勒自己担任总司令指挥军队。他不惜一切代价命令军队停战，所有与防线相关的军事行动都要经过他的批准。

因为巨大的人员伤亡，以及武器、牵引车、器械和设备方面的损失，冻饿加身、几乎没有医疗保障的德国士兵败下阵来，但他们必须通过狂热的抵抗来找回传统的战斗风范。实际上，德军被困住了。在融雪为苏联的进攻画上句号之际，1942年3月，德国集团军群在莫斯科以西约150公里处筑起了一道锯齿形的防线。对此德国要特别感谢斯大林。因为斯大林并没有按照朱可夫的计划正面进攻斯摩棱斯克，而是下令包围德国的中部集团军群。这是一次超出红军当时军事行动能力的冒险。

尽管形势稳定了，但可以肯定的是，德军再无可能从这场战败中恢复元气。另外，无可争辩的是，"巴巴罗萨计划"没有达到任一既定目的。因为苏军的主力并未被歼灭，苏联的经济也没有受损。在被占领区，经济掠夺也没有收获期望中的成果。1942年，苏联的军备就已经超出德国许多倍。这之所以成为可能，主要是因为苏联在遭受袭击后，成功地将2593家军工企业（其中1523家为大型军工企业）从危急的西部迁移到了安全的东部，并把民用生产转型为严格的军事生产，还让新的军工企业运作起来。

这场唯一规划为闪电战的战役缘何失败？降雨、泥泞和极度寒流肯定都有影响。这些在苏联都不是什么非同寻常的自然现象，却让德军措手不及。这就暗示了个中主要起因：作战计划的风险性太高，此外德国还轻率地低估了敌手。

1941年底，希特勒在主要战争中失败，同时也输了整场战争——回溯历史，这正在意料之中。在进攻苏联之前，这场由日本和美国参战掩护的灾难就已经在战略上确定了第三帝国必然失败的结局。德国政要中的某些人可能洞悉了这一点,但希特勒自己却没有这样的认识。他是否在1945年4月30日自杀之前就认定战争完全失败,很难断言。如果注意到历史演进、局势关联以及实际情况,他的相关说辞包含着诸多可以进行不同解读的矛盾。然而,最终留给世人的印象是,即便是从最糟糕的形势中,他也能成功找到积极之处。尽管也有沮丧的心理间期,他仍然深信"一种局势从来不会毫无希望"。事实上,他显然也从未气馁,即便不认为可以胜利,也认定可以"逃脱"。众所周知的是,在很大程度上,希特勒的自信成了自己的绊脚石。

罪孽之战和种族屠杀

"不,休想",同盟国公开宣称的目标如是描述:类似希特勒及其党羽的屠戮者,分布在党卫军、武装党卫军、保安处、警察处、国防军或者众多团体组织中,他们都别想"逃脱"。对欧洲犹太人进行种族杀戮,施行所谓的"安乐死",让几乎所有被占领国家的数以万计的无辜民众命丧黄泉,这些账都算在希特勒及其党羽的头上。各个年龄段的男女老少被残忍处死,经常是在开展袭击和破坏活动后遭受镇压而死,或者是在游击战中阵亡,仅仅是因为被怀疑与"那帮游击队员"合作。即便我们承认武装反抗让占领者的残暴变本加厉,但不该忘记的是,反抗实际上是对侵略和占领统治迫不得已的抗争,是正当防卫。

之所以说纳粹德国发起的这场战争具有犯罪性质,原因如下:德国士兵从1939年到1945年为之作战的政府,犯下了战争罪和反人类罪行,或者发布了相关命令。从全局来看,尽管东西方战场之间存在数量上的巨大差距,但在本质上并无区别。一旦国家下令屠戮,就算是那些在巴尔干半岛、法国和意大利作战的德国军人,其伦理道义方面的约束也非常小。就法律角度而言,即便抗令不从也是可行的,但也只有寥寥少数军人有这样的反应。德国军人在这方面的基本态度可以通过一个典型案例来说明,那就是他们在二战期间最令人发指的战争罪行之一:1943年9月8日意大利退出战争以后,因为希特勒发布的三个"命令",德军就屠杀了近7000名被俘或者投降的意大利士兵——之前他们遵照国王的命令,为阻止德国国防军缴械以及占领国土而做出了自卫抗争。只有一小部分德国军官做了每个士兵和党卫军成员本来能够做的,拒绝执行杀戮的命令。有一种说法是，与东线战争犯罪遥相呼应的西线行动在每个细节上都合乎国际法，而事实却揭露这不过是个谎言。

属于德国战争罪行的，还有驱使劳工进行强制劳动。有时候，战俘会被拘禁在合乎规则的"奴役"行动之中。1944年，包括183.1万名从事劳作的战俘和军事犯在内，强制劳工的数目达到了712.6万。这个数目占战时经济中劳作人数的24%。另有估计认为存在1400万强制劳工。

在被俘的570万苏联红军中，约有330万大规模死亡，这也有悖国际法。它无法单单用危急状况来说明，也不能仅用一般意义上的灭绝意图来解释。其根源可能是对斯拉夫人的种族歧视，而罪恶的"巴巴罗萨计划"命令又助长了这一歧视。这尤其体现在德军最高领导层的行为上，一般来说他们并未顾及苏联战俘的命运。

除了此处仅作暗示的人类苦难以外，纳粹政权的案犯、从犯和党羽都对欧洲犹太人的种族屠杀遭遇负有责任。这场屠戮于1939年在波兰开始，起先只是局部的种族灭绝行为，而后在东线战争中继续进行。自1941年6月22日起，四支突击部队的足足3000名士兵先是屠杀犹太成年男性，几周以后也对妇女孩童动手，到1942年4月大约屠杀了56万名犹太人。从1941年初夏开始,四处散播的"最终解决犹太人问题"的提法表露了纳粹政权的坚定决心,即使用暴力将其势力范围内的犹太人屠杀殆尽。由此,希特勒转向了全面执行的种族杀戮。至此,虽然他并未正式发布大规模屠杀的指令,但这并不重要,因为"元首"的讲话、自言自语和波尔曼口授稿中记载的言论差不多就是一篇自控书。在这些资料中,希特勒都是种族杀戮的中心人物,这一事实已被希姆莱证实。可以认为,"最终解决"是在口头指令下进行的。

无论如何,有论断称种族杀戮是在1942年1月20日的所谓万湖会议上决定的,这并不属实。当时,安全警察和保安处头目莱茵哈特·海德里希与位于柏林的几个部委、机构和办事处的高级代表会晤,一方面旨在明确只有帝国党卫军首领对这场种族杀戮负责,另一目的在于就创造一个"无犹太人的欧洲"议定顺利合作的方针准则。与会者设想的是,要灭绝的犹太人数目最多达到1100万。

如果说直到1942年3月,德国党卫军及其党羽才大张旗鼓地执行1941年决定的"最终解决"方案,那么其主要原因在于,组织者认为枪决犹太人太过耗时,而且费钱,还会刺激执行者的神经。于是他们致力于展开一场工厂式的杀戮,采用高科技手段,并尽可能去人性化。为此,首先要创造基础设施方面的前提条件。果不其然,1941年下半年,就出现了配备毒气车和在毒气室里使用B型毒气旋风器的实验。

与此同时,将犹太人驱逐到隔离区的行动规模扩大。它起始于1939年秋对波兰犹太人的驱赶;1940年,行动范围首次扩展到波美拉尼亚、巴登和萨尔普法尔茨,殃及足足7900名德国犹太人。1941年10月,对德国犹太人的系统化驱赶开始转移到东部;1942年春,接着遭殃的是在德国占领国生活的犹太人。

隔离的最初目的是让犹太人继续向东迁移。纳粹优先考虑的是那些可以确保高死亡率的地区,比如说冰海海岸。还有一个东部总规划与这一灭绝方案呼应,即计划把3100万犹太人从波罗的海国家、波兰总督府[①]、苏联西部驱逐到西伯利亚。随着战争的进行,这些源于惨绝人寰的日耳曼化和生存空间政策的领土解决方案,也就自我解决了。

---

① 1939年9月德军入侵波兰,所占领的领土中没有直接与德国合并的部分被称为"波兰总督府",这一地区的全名在1940年7月之前是"波兰被占领区总督府",后被简化为"波兰总督府",也有人俗称为"剩下的波兰"。德国的最终目标是要让这一地区成为德意志民族居住地区。

总的看来，有50万人悲惨殒命的隔离区变成了居住者真切的"地狱"前区。把各方面都供给不足的过多人群隔离和围困在极度狭小的空间，这会带来众多问题，而这一点是任何人，尤其是被占领的东部地区的管理者绝对心知肚明的。相关负责人后来提及，会有意引入实际限制，目的就是要求越来越急迫地采取极端的、甚至是谋杀性的解决方案。随后，日本在1941年12月7日突袭珍珠港，引发美国参战，戈培尔在1941年12月13日的日记里简要总结了这一事件导致的后果："世界大战来临，灭绝犹太人应该是必要的结果。"对"元首"1939年1月预言的再次引用，其野心此处可清楚窥见。

希特勒屠杀犹太人的决定，符合其推行种族政策的战争目标。同时，也满足上文提及的所谓实际限制。然而在做决定之时，关键性的可能是计划意图。因为若没有希特勒意识形态上的根深蒂固，外在的强制因素不可能导致种族杀戮。反之则完全有可能。民众对种族屠杀的执行并非毫不知情，坊间流传着各种传言和细节信息。另外，民众只需看一下戈培尔1941年11月16日在纳粹周报《帝国》上所写的相关内容，仔细听一下希特勒或希姆莱所说的内容，只要尝试着了解，就至少能感知在发生什么。1942年，国际社会包括梵蒂冈都获悉了对犹太人的大肆屠戮。虽然最终细节无从知晓，但这可能无法解释为何几乎什么事情都没有发生。对此也有多种解释，只是迄今无一令人满意。

正如对欧洲犹太人的赶尽杀绝——600多万人被饿死、被打死、因强制劳作致死以及被毒气杀死，对吉卜赛人的民族灭绝也是纳粹的种族政策目标之一。吉卜赛人在和平状态下即被刁难和恐吓，从1940年5月起又被流放到被占领的波兰领地。从1943年开始，吉卜赛人在波兰占领地的不同地区被毒气杀害，并遭受大规模处决。牺牲者的数目存在争议，大多认为超过20万。

作为组织者的纳粹国防军在这一切行动中发挥着什么作用？回答这个问题并不困难。众所周知的是，对付犹太人的国防军是希特勒（1944年5月26日）和希姆莱（1944年1月25日）亲自领导的。此外，自战争开始以来，国防军就与安全警察和保安处的突击部队合作，在东线屠戮犹太人。在巴尔干半岛，有时军队甚至还分担了党卫军的这一工作。高级军官要求其部下理解所谓犹太"下等人"遭受的痛苦。很难忽视的是，灭绝营是在东线部队的掩护下运转的。总之，如果没有来自宽泛意义上的党卫军头目的容忍和准许，种族屠杀是不可能发生的。

1941年下半年的世界政治决策

1941年夏,对希特勒而言,仿佛一切都被认为是可行的。7月中旬,他深信东线战役已经取胜,于是有意对日本大使大岛浩中将提及建立一个国际反美进攻联盟的想法。按照希特勒的想法,在"巴巴罗萨计划"后,日本和德国能够并且应该联合起来"消灭"美国。

一场世界范围内的闪电战的念头可能暂时让希特勒迷醉。更具有历史价值的是这一事实:在德国进攻苏联后,一个非正式的"反德同盟"开始萌芽。英国、苏联和美国组建了一个"大联盟"①,它拥有巨大的经济潜力,掌握着世界上75%的人力和物力储备。7月7日,在战略防线新建之初,美国军队承担了位于冰岛的英军基地的功能。这样一来,实际上,那些被德国宣布为无限制军事行动区的岛屿周围的水域,就被纳入了罗斯福总统定义的安全区。此外,在德国潜水艇袭击了一艘美国海

---

① "大联盟":亦即"盟国",又称"同盟国""反法西斯同盟",第二次世界大战时期建立的国家联盟,参与该联盟的国家有美国、英国、苏联、中国、法国等。20世纪50年代,丘吉尔主张使用"大联盟"。——译者注

军歼灭舰后，9月11日，美国海军就下令开火，进攻在对自身防守至关重要的海域作战的轴心国战舰。因为希特勒的心之所系是直到战胜苏联那一刻都阻止美国参战，所以被迫接受了这一挑衅。就在同一天，美军总司令部（参谋长联席会议委员会）写下一纸备忘录，建议在参战的前提下，在军事上打垮德国，并且保证菲律宾、英属马来亚、荷属东印度、澳大利亚、缅甸和中国的独立。当罗斯福总统决定加快制造原子弹之时，1941年下半年，这场席卷世界的大事在10月9日达到顶峰——一个命运攸关的决定出现。

7月12日，英国和苏联就已经签署了一份协定，表示确保在反对"希特勒的德国"之战中为对方提供全部支持，并拒绝特殊形式的和平或者单边停战。其实，斯大林想要的更多。为了让在困境中作战的红军减轻负担，他从7月18日起逼迫英国政府在欧洲大陆上建立第二条战线。对此，英国表示无能为力。

苏联作战的巨大困难来自军队1941年遭受的严重物资损耗。美英两国知道这一点，于8月9日至14日举行双边商议，确立了"最终摧毁纳粹暴政"的目标，并以宣告大西洋宪章中总结的和平目标结束。值此商议之际，两国遂向苏联建议召开一场三国会议，目的是让与会专家厘清苏联的当务之急。从9月28日起,美、英、苏在莫斯科就此展开谈判。协商的结果是,直到1942年6月,英美要为苏联红军运送飞机、坦克、5000辆吉普车和8.5万辆载重汽车。有鉴如此,1941年8月25日,苏军和英军长驱直入中立的、但与德国交好的伊朗,这被证明是有利的。在这之后,除摩尔曼斯克和阿尔汉格尔斯克以外,还可利用波斯湾的各个港口来为苏联供给各类武器、器械和货物。

斯大林却对会谈结果表示失望。在他看来,这就等于让苏联完全自生自灭了。虽然这并非属实,但他先前的猜疑持续影响了苏联的政策。尽管如此,尤其是出乎希特勒意料的是,直到战事结束,"大联盟"还是克服了所有危机和困难。除此以外,在1945年8月8日苏联宣布退出《日苏互不侵犯协定》并向日本宣战之前,"大联盟"只针对德国及其欧洲盟国。而在此之前,日本的问题在根本上只涉及英美两国。

如前所述,日本在1941年6月决定进攻南洋。在强迫维希政权同意后,4万士兵于7月24日进军印度支那南部。随后,美国冻结了日本在美国的储蓄,这相当于全面的贸易禁运。英国及其自治领外加荷兰也参与进来,比如全部停止对日本的石油输送。在和平状态下,日本的石油储备没有进口的话最多只能维持两年，因此日本政府不得不采取行动。日本政府有三条道路可走：举行会谈取消禁运，被迫接受经济和军事行动能力的削弱，采取暴力扩张来夺取本国缺少的原料基础。

美日心知肚明的是，在极端情况下，要么战争要么和平，因此它们暂且继续开展谈判。发挥作用的还有美国陆军和海军将领的顾虑，他们认为自己军队的武器装备还不足以应对一场两大洋之间的战争，希望能有更多时间备战。一些日军将领则清楚地意识到，他们无力在前线进攻上打败美国。在日本也完全可以听到警示之声，这也不无道理。因为日本鹰派的胜利希望建立在乐观主义基础之上，认为在日本旗开得胜之后会出现一种僵局，随之而来的就是和平谈判以及对占领的认可。考虑到敌对国的联盟及其全球战略的可能性，日本进攻南洋就意味着一场特别冒险的游戏。11月1日，日本联席会议倾向于主战，并决定12月初发起进攻。在此之前不到一个月，美日外交官在另外一轮会谈中碰头，重新探究这一平衡问题，并再次为和平而努力。在那个时刻，日本政府的唯一心之所系，当然就是通过欺骗美国来改善日本战事的起始状况。

应对美国，日本提出了两个建议。第一个似乎完全无法接受，而第二个则不单单遭到拒绝。另外，它还导致了如下结果：双方先商量了一个权宜之计，目的是在这之后实现利益均衡。美国通过"魔法信息"这一渠道了解到的信息比日本预想的多，最终摒弃了以上考虑，因为美国认为日本早就决定要发起战争。此外蒋介石政府也在英国的支持下发起抗议，因为担心这样的解决方案对中国不利。

此刻，罗斯福决定发起解围行动。美国向日本政府提出了不容回避的要求：从中国和印度支那撤军，承认蒋介石政府，并订立美日协定，要求在与三国协定发生实质性冲突时优先考虑这一协定。美国要求日本从它正在谋求全面胜利的中国撤退，这在日本看来是个"棘手的问题"。日本视之为挑衅，下令进攻美国舰队基地珍珠港。

对东亚而言，美国也不存在什么战争罪责问题。罗斯福的政策有时候毫不妥协，既不是要挑起战争，也不是要从日本那里夺走什么。美国只是要求日本当局交还掠夺而来的他国资源，这是对一个自负的侵略者提出的相当合理的要求。

珍珠港之战——二战之始

1941 年 11 月，当包括 6 艘航空母舰在内的日本舰队驶向6800公里之外的夏威夷之时，在华盛顿的谈判还在继续进行。12月7日清晨，日机从该岛屿以北370公里之外出发，进军目的地珍珠港。作为袭击方的日本损失并不严重，而美国在当天则有2403人丧生，另有1178名平民和士兵受伤，外加164架飞机被毁，128架受损。

在港口停泊的70艘战舰及辅助舰中，有6艘战列舰、3艘驱逐舰和浅水区的1艘布雷舰被击沉。除了2艘战列舰以外，与那些被击中但并未沉没的舰队一样，以上战舰再度投入使用。太平洋之战跟其他地方的战争不一样，它不仅仅是一场海战，因此尽管海洋中的3艘大型航空母舰及为之引航的重型巡洋舰在此次战役中没有受损，但是在1941年末美国及英国2艘战列舰沉没之后，盟军陷入了困难境地。

珍珠港一战令美国震惊，当局采用了七种调查方法来澄清责任。谣言和猜疑推测，罗斯福默许了那场据说是已被知悉的袭击发生，目的是将美国引入战争。对此，迄今都没有令人信服的证据。显然，袭击是令美国当局猝不及防的。如果美国当时更仔细地分析形势，可能会避免这场偷袭，当然这是另一码事了。无论如何，决定因素是美国军方没有料到日本会来偷袭珍珠港，对敌方军事能力的低估也是判断失误的重要原因。其他原因还有：应由美国政府负责的夏威夷岛上指挥官的信息缺失，陆海军的合作不足，人为失误，以及岛上军事方面令人咂舌的马虎大意。

尽管表面看来好像呈现胜利之状，对日本来说其实是一场灾难。珍珠港一战之后，日本战略制定者期望对手表示让步并承认"新秩序"，美国对日本的这一表示予以拒绝。罗斯福在向公众发表了著名的"国耻"演讲之后，签署了对日本的正式宣战声明。珍珠港一战让日本战败成了板上钉钉之事。

12月8日，美国向日本宣战，这时欧洲和非洲之间的战事也归并到第二次世界大战中。1941年底，38个国家——包括部分由流亡政府代理的国家都被卷入战争。

希特勒从"敌台"获悉了日本偷袭珍珠港基地，立即表示有意向罗斯福及其国家宣战。12月11日，德国联合意大利展开了宣战行动。在此之前，三个轴心国签署了一个协定，规定三国有义务让战争进行到战胜同盟国为止，并且不得签订单边的停战或和平协定。

在德国看来，日本参战可以阻碍美国像一战中那样做出插手欧洲战事的决定。希特勒认为，有了日本这一步棋，至少可以赢得喘息之机，为进攻苏联的第二次战役争取时间。根据戈培尔12月12日的日记记载，此刻他把"东线"的局势不再视为"太过戏剧化"。就实际效果而言,这对于孤注一掷的希特勒而言已经意味着一切都是徒劳。1942年,德国国防军在东线南部再次告捷,但这也改变不了什么。规划世界未来的是"大联盟",而不是德国。1941年12月英国外长安东尼·艾登造访莫斯科,斯大林在自主掌控了军事危机之后与艾登会晤,把苏联描绘成一个自信满满的大国,并首次表明其战争目标如下:遵循1941年6月21日苏联西部边境线的走向,并按照其后的局势发展,承认西部边境;吞并贝柴摩;在罗马尼亚西部建立基地;将德国分割为若干小国,并割让德国领土给苏联和波兰。

短短几天后,在1942年新年这天,包括苏联在内的26个国家在华盛顿签署了《联合国家宣言》,确认了《大西洋宪章》的民主原则。此外,签字国也约定有义务不与日本或德国订立单边和平协定。1月6日,罗斯福宣布战争目的为"击溃德国军国主义";1月14日,代号为"世外桃源"的首次华盛顿会议宣告结束,会上英美两国代表讨论了战略问题。这两国意欲在东亚将维护自身利益置于中心地位,拒绝向日本提供战争所需的重要原料。除此以外,英美认定应首先解决德国,并计划尽快重返欧陆战场。为此,就要在德国周边形成包围圈,并且越收越紧:采取海域封锁——这在苏联切断对德国的供应后变得重要起来;另外还有炸弹战、颠覆战,同时为苏联大力提供物质支援,并占领北非海岸。

就上述最后一点来说,符合一段时间以来英国的计划。英军在坦克和飞机方面占有明显优势,1941年11月18日在索伦前线发动了"十字军行动"。交战双方在战斗中两败俱伤,12月8日起,德意联合军队不得不从昔兰尼加撤退。1942年初,阿格海拉—马里萨地区卜雷加港的战线陷入停滞。

1月21日,经过休整并补给了新的原料和燃料之后,轴心国军队发起了反攻。5个月后,军队夺取了1941年进攻无果的要塞托布鲁克;到6月底,将英军逼退至阿拉曼附近的防守线。7月1日,隆美尔发起了一场操之过急的进攻,三天后即偃旗息鼓。这样一来,通往埃及的道路就被暂时封锁了。1942年10月,第二次世界大战的最终决定点出现。而在此之前,主导战局的是苏联境内的战事以及日本在东南亚的战事。

日本向战略死巷的扩张

1941年12月,总计208万人的日军兵力大部分都驻扎在中国。部分主力因为侵华的消耗战受损严重，所有兵力分布在 51 个战斗师、58 个旅或者类似的兵团：4 个师和 11 个旅留在本国，2 个师派驻韩国，3 个师和 24 个旅驻军"满洲国"，21 个师和 20 个旅驻扎在中国，在东南亚则分布有 11 个师和 3 个旅的兵力。此外还有 5 个飞行兵团组成的师，拥有整整 1500 架飞机，但这些飞行兵团的机动化和装甲部件达不到欧洲标准。

日本海军拥有 10 艘战列舰、10 艘航空母舰、6 艘载机巡洋舰、18 艘重型和 20 艘轻型巡洋舰以及 113 艘驱逐舰，外加 65 艘潜水艇——其中 21 艘已经老化。海军飞行队伍则装备精良，拥有差不多 700 架空基飞机和 1400 架陆基飞机。

日本的军事实力只是乍看上去引人注目。长期评判可能必须考虑以下因素：日本对原油、铁矿石和铅的军需 80% 以上都要靠进口来满足，对金属废料、锡、锌和铝的需求 50% 以上要靠进口，对铜和钢的需求至少 33% 依赖进口。如此仰仗进口严重限制了日本战争装备的战斗性能，因为对日本来说，要在一场长战线的战争中接近前线困难重重。占领东南亚原料区并未带来期望中的平衡结果，而日本政府轻率地认为战争可以很快打完，因此没有储备足够的进口物资——此时这个国家可以说是捉襟见肘。

在每年的战事中,美国潜水艇和飞机击沉的日本商船比日本船坞建造的要多,这一事实也让日本的局势日趋困难。在和平时期,日本三分之一的进口货物要靠外国船只输送,1941年12月拥有600万GRT[①]的商船队。至战争结束,日本损失了259艘油轮和2086艘货船(860万GRT)。与损失相对的是,日本新建和俘获的船只的总登记吨位分别为330万和82.3万。对这个岛国来说,一场补给灾难即将来临。实际上,1945年日本可资利用的货运空间达到55.7万GRT。在此必须指出的是,从1939年到1945年,从美国船坞下水的商船有5777艘,容量为4000万GRT。这个建造数量本身即说明了问题:日本与美国在战略上的表现不可同日而语。

1941年12月7日以后,受形势所限,日本对各类战争重要原料的进口急剧减少。不管是在军备生产还是在消费品制造方面,日本在1942年就已经面临严重瓶颈,同时在国家经济组织上也出现了严重赤字。虽然日本1943年和1944年在单个产业比如飞机制造方面取得了令人瞩目的进展,但这并未从根本上改变什么。从1941

---

① GRT(Gross register tonnage):总登记吨位,船舶的实际载货容积。——译者注

年直到战争结束，尽管日本生产了约7万架不同类型的飞机，但是正如造船实力一样，美国在飞机制造方面也占据极大优势。凑成整数计算的话，从1940年到1945年，美国工厂出产30万架飞机，苏联和德国分别出厂14.7万和10.96万架，这只是诸多例子中的一个，它显示出战争因为美国的卷入而发展到一个新的规模。美国军队的扩充证实了这一点。

美国陆军在1940年还不到27万人，分布于13个师以及更小的团体，在1941年12月，这一规模距离规划的目标——11个集团军、26个军团和包括16个装甲师在内的90个师（22个师负责太平洋战场，68个师派驻欧洲战场）——尚还甚远。日本发动袭击之时，美国陆军和陆军航空队差不多拥有165.7万人的兵力：陆军人数为130.3人，其中86.7万人为陆地作战组织及其援助部队效力。一年以后，总人数增长到539.9万。到1945年3月，这一数目足足增长到815.7万，其中约有584.9万隶属陆军，而这里面又有近275.4万人为陆地作战及其援助分队服务。

与日本一样，美国也没有独立的空军武器，更确切地说，是其陆军和海军拥有空中武器部件。美国陆军航空队最多时由16支分队组成，1941年12月人员数达到27.1万，1945年3月上升到183.1万。在战争中，陆军使用的空中武器包括近15.88万架飞机，其中有51220架轰炸机和47050架歼击机。在236.38万次出击中，有2.3万架飞机被歼灭。

1939年9月，美国海军拥有15艘战列舰、5艘航空母舰、18艘重型和19艘轻型巡洋舰、61艘潜水艇，以及众多的驱逐舰和护航舰。上述部队分布在太平洋舰队、亚洲舰队以及大西洋中型舰队（从1941年2月起改为大西洋舰队），后者在1939年9月5日开启了它的巡逻航行。舰队的组成和实力一再发生变化。1940年7月，在美国海军服役的士兵有203127人，1941年底已经达到486226人：其中383150人服务于陆地和船上突击队，75346人为海上军团效力，27730人在海岸卫兵队尽职。到1945年8月，海军部队总人数上升到4064455人，其中485833人分布在海军军团，170275人在海岸卫兵队。

从1940年7月1日直到1945年8月31日，美国船坞为海军建造了74896艘轮船和小艇。其中有10艘战列舰、27艘航空母舰、111艘领航航空母舰、47艘巡洋舰、874艘驱逐舰、217艘潜水艇，以及66055艘登陆船和登陆艇。在同一时间，美国海军在空中武器方面也拥有了 7.5 万架飞机，其人员总数也从 10923 人增加到 437524 人。

1941 年 12 月，太平洋舰队拥有 8 艘战列舰、3 艘航空母舰、21 艘巡洋舰、67 艘驱逐舰和 27 艘潜水艇；而亚洲舰队则有 3 艘巡洋舰、13 艘驱逐舰、2 艘供应船（水上飞机）、6 艘炮艇及 29 艘潜水艇。此外还有英国及其自治领的两艘战列舰、17 艘巡洋舰和 6 艘驱逐舰，外加荷兰的 3 艘巡洋舰、7 艘驱逐舰和 15 艘潜水艇。

要想取得防卫成功，分散在东亚的美国、英国及荷兰的陆空军兵力看起来还不够。尽管进攻方只能在向南扩张中投入 11 个师，但这些军队具有战斗经验，进攻方的飞机在战斗区占据了领空。从根本上说，无论是德国还是意大利都不了解日本的军事策略——它建立在精准的时空重点规划和利用出奇制胜时刻的基础之上。虽然进攻潜力有限，日本还是希望通过这样的方式达到战争目的。

日本的进攻主要针对处于美国保护伞下的菲律宾和英属马来亚。与此同时，还要占领中国香港、吉尔伯特群岛、俾斯麦群岛、威克岛和关岛。接下来，日本想要进攻缅甸和荷属东印度。日本初战告捷超出了美国最大的顾虑。袭击珍珠港 10 个小时后，当地美国军队指挥上的失误导致损失惨重,驻扎在菲律宾的飞机中有一半被摧毁。1941年12月8日,泰国几乎不战而降。同时日军在马来亚的东海岸登陆,巧妙地战胜了在数量上占据优势的对方军队,并占领了该国。1942年2月15日,新加坡这座传闻中无法攻克的要塞投降,这是英国军事史上最惨重的失败,约7万人沦为战俘。

1941年12月10日,日本第一批进攻部队登陆菲律宾,12天之后,部队中的大部分人上岸。足足5万日军与约2.9万美军和8万菲军对阵。1942年2月,暂时休战。但是,荷属东印度在3月8日投降之后,日军就在菲律宾占据决定权。大多数菲律宾抵抗士兵都在4月9日放下了武器,最后一部分也分别在5月6日和6月9日投降。

1942年4月底,日军就已经占领了缅甸通道的终端——腊戍。由此一来,日军切断了西方国家给中国国民政府运送补给的最重要的国家通道。约有1.2万人的英国军队撤退,其首领做好了保卫印度的准备。日本仅在威克岛暂时受挫,1942年6月达成了它的中期目标。

日本此刻在南亚掌控了一直寻求的原料基地,并且想在战略上转为进攻,以巩固其势力范围——从阿留申群岛延伸到爪哇,距离有9500公里以上,从缅甸到吉尔伯特群岛则有8400公里。只是盟军没有想过向日本让步。在1942年2月底的东亚，美国在"大联盟"中发挥着几乎不受限制的领头作用，这也表明了它作战的决心。同时，太平洋战场被分为两大作战区。一个是由道格拉斯·麦克阿瑟统率的太平洋西南区，另外一个是切斯特·威廉·尼米兹上将指挥的太平洋海洋区。这两个战区的首要意图是阻止日本的进一步进攻。5月初，在珊瑚海持续五天的海空战役中，阻止行动首战告捷，这在海战史上还是第一次。海空战役的进展对已经控制了巴布亚新几内亚北海海岸的日本构成了阻遏，让其军队无法在该岛屿东南部的莫尔兹比港登陆。

1942年6月初，美国海军在中途岛附近切断了日本海军的命脉。为了保卫日本本国的东面，并考虑到海军秘密策划在夏威夷登陆，日本计划像占领阿留申群岛一样占领中途岛。此外，舰队队长山本五十六上将也有意给美国海军致命一击。但日本的计划失败了，损失了4艘航空母舰，此后日本再无力在太平洋中部展开大面积的进攻行动。

取得胜利两个月后，美军于8月7日和8日在瓜达卡纳尔岛和所罗门群岛的其他4个岛屿登陆。他们发起攻击，目的是铲除澳大利亚方向的海上交通威胁。这就破坏了日本南部的进攻带及其向澳大利亚扩张的长期战略。正因如此，争夺瓜达卡纳尔岛的战斗就发展成了一场损失惨重的三军联合作战的消耗战。日本从1943年2月1日起撤军，而在此前一天，德国第六军的最后力量在斯大林格勒休战，此时日本的进军处处陷入停滞。中途岛的防卫战果及瓜达卡纳尔岛之战的胜利，标志着盟军在东亚占据了上风。到1942年底，即便是日军上层也表示自己的军队力有不逮。

远东之战的残酷

最迟从瓜达尔卡纳尔岛之战开始，很多在东亚作战的士兵的行动就被打上了"不是你死就是我亡"这一残酷原则的烙印。自1931年开始，有传言称日本军人内部也曾激烈地反对战争，但与此同时他们对"敌人"和平民一样充斥着无法想象的冷血。跟欧洲之战不同的是，远东战争不涉及灭绝一个特定的种族群体，也不是一场由国家高层下令的灭绝战。更确切地说，日本军队想当然地开展了后一种战争，尽管所有军人都随身携带着"作战守则"。正如每个国防军士兵手中持有"德国士兵参战十诫"一样，日本士兵也有义务按照国际法的规定行事。但在一场行动越来越受到种族主义驱使的战争中，这些规定显然不受重视。作战的不是人与人，而是"白色杂种"与"黄色杂种"，以及"魔鬼"和"类人猿"。这些侮辱性称呼引发了心理上的隔阂，让对手在远东地区也成为"下等人"。于是，对这些人的杀戮肆无忌惮地进行，有时甚至带着取乐性质，演变成为一种竞赛运动。例如两个日本军官公开比赛，看谁可以更快地让 100 个中国人在军刀下殒命。

美军及其联军则对日军的战争行径"以眼还眼，以牙还牙"，比如说对战俘不留活口，这也与苏联红军对待德国平民的残酷无情一样，是可以理解的——苏军以此来对德国国防军、警察和党卫军在苏联犯下的万恶罪行作出回应。但是，这样的回应实在是无从粉饰或减轻战争的罪孽。同样还有对被解放国家德语少数族裔的行径，他们经常遭到充满报复性的对待，不少情况下被直接杀害。

日军实施的暴行还包括对战俘的虐待和残忍屠杀、野蛮拷问、强制劳动以及驱逐流放。此外还有在中国实施的"国家和平行动"，这个粉饰语背后隐藏的是对小农户实行的恐怖统治。日军依据"杀光、烧光、抢光"的原则行动，在中国造成了巨大的人员伤亡。在对两个中国省份发起的"惩罚行动"中，日本军方1942年杀害了25万多名平民。在中国北方，有230万农村人口惨遭屠戮。也有出处声称死者和难民总数为1900万。日本最为十恶不赦的罪行之一，则是对女性施行的有组织的、禽兽般的性侵犯，殃及约20万非日本女性。2000年12月，女性战争国际法庭在东京作出宣判，要求日本向受害者公开致歉并作出经济补偿，并承认1989年过世的裕仁天皇对数以百万计的强暴罪行至少负有道义上的责任。

同样可憎的还有人体实验，它由臭名昭著的"731部队"执行，目的是为化学战做准备。从婴儿到老者，3000多名亚洲人在实验中惨遭肆无忌惮的杀害。

日本不仅在敌军那里大开杀戒、暴力横行，对想要摆脱所谓的"新秩序"和"大东亚共荣圈"殖民统治的人民也不例外。事实上，日本想要取代欧洲列强的位置，而受害国的人民不得不痛苦地经历这一遭遇。种族主义者的傲慢自大和毫无底线的暴行让日本很快就遭人唾弃。日本对其他亚洲人的真实态度体现在当时广为流传的一种偏好上，即从身体上折磨他们。而日本大东亚部发动了一场文化政治上的、泛亚洲的、反对帝国主义的、突显日本思想优势的宣传运动，充其量只是暂时掩盖了它宣扬的"新秩序"的实质。

以下事实足以说明一切：因为强制劳工在日本极端恶劣的工作条件下工作，1939—1945年间，被剥削的韩国劳工中足有6万人死亡，而4.2万名中国劳工在两年后只有3.1万人生还，参加修建缅泰铁路建设的30万亚洲劳工，仅在一年内就有6万人丧生。此外，在铁路建造过程中，还有1.5万名英美战俘客死异乡。

驻扎在中国和东南亚的日本占领部队屠戮的平民总人数非常巨大。这其中就有人数众多的中国人，他们被一批聚集在新加坡、受到煽动的日本匪兵肆意杀戮，被害者有医生、护士以及该城市医院里的病人。类似事件也发生在中国香港：在众目睽睽之下，日本士兵杀害了50名被抓捕的英国军官及其部下，先前惨遭凌辱的修女们也在他们的刀下丧生。在英属马来亚，日本士兵将被俘英军的生殖器割下来塞进俘虏口中，并把他们挂到树上示众。在1942年4月菲律宾"巴丹死亡行军"的恐怖征途上，日本士兵用刺刀残杀了成百上千名战俘。

这些只是寥寥几个描述日本在东亚所犯罪行的例子，还可以随意补充。但要统计出日军所犯罪行的可靠数据，同时界定凶手及其责任，这恐怕是不可能的。尽管如此，学界已经达成共识的是，直到今天还公认为意想不到的事,事实上却是千真万确。

欧洲和非洲军事主动权的变化

从1942年1月18日起,东经70°就构成了德意两国与日本军事行动区的官方分界线。除此之外,三国就没有达成其他一致的战略,考虑到轴心国各不相同的战争目的以及日苏关系,这其实不足为怪。

希特勒坚持以东线战争为中心,在战胜苏联之前,他排除了把重心放在地中海的可能,而德国的作战重心原本是在西南亚和印度抗击英国。

跟以下几位政要的接洽丝毫没有改变希特勒的态度,比如印度国家主义者之一——仇视英国的首领苏巴斯·钱德拉·鲍斯,尝试政变后出逃的伊拉克总理拉希德·阿里·阿勒盖拉尼,巴勒斯坦的重要法典阐释官穆罕默德·阿明·埃尔·胡塞尼,其中后两位还试着从德国的角度出发,在阿拉伯国家为轴心势力广做宣传。1942年7月3日发布的德意"埃及声明"预言占领埃及,但是也没有提及新的重点。显而易见的是,自从1942年下半年开始,意大利、日本和苏联(间接地)一再谈到德苏单边和解,但这在希特勒那里毫无机会可言。

4月5日,希特勒发布了代号为"蓝色行动"的41号指令,要求1942年夏发起进攻行动;在指令里,他表达了在"冬季战役"里取得"胜利"的喜悦,并强调要打得敌人精疲力竭。但是,在"蓝色行动"开始的6月之时,苏联拥有550万可以调用的士兵,总司令部设想的后备力量包括10支陆军队伍以及一支坦克部队。尽管冬季战斗也极大地削弱了苏联军队,但德军兵力消耗得更为严重;东部军队在6月初原有275万德国兵力以及100万联军士兵,而1941到1942年间的惨败导致德国162个师在1942年3月底仅剩下8个师"有能力承担所有军事任务",因此德军就无力对整个东部战线发起攻势。就总体形势来看,特别是阿尔伯特·斯佩尔担任帝国武装弹药部长(他于1942年2月在弗里茨·托特遇难以后继任)以后,一般认为局势可能会有明显好转。但是,到那个时候,当然不能要求受创的军队满血复活,随时接受调遣。

斯佩尔因其全权代理而独揽经济大权,试着通过理性化来加强生产。事实上,他也借助组织措施,以自由经济体制的领导原则为导向,克服效率低下的计划经济,由此取得了显著效果:尽管因为炸弹战,补给形势日益严峻,但1944年年中坦克、卡车、飞机、轮船和弹药的产量仍然是最高的。这给人留下深刻印象,但不能忘记的是强制劳工发挥的作用。另一方面,在"巴巴罗萨计划"失败后,军工产量都不够填补战争损耗;姑且不说提高自身战斗力的必要性,如果国防军想要与对方军队保持势均力敌的话。只消看一看总体经济实力、军工企业生产产量以及参战各国原料储备的数据,就会发现侵略国的局势从效能上来说是多么希望渺茫。

根据 41 号指令,希特勒计划在 1942 年"最终歼灭苏联剩余的抵抗力量,并尽可能剥夺其最重要的战争经济的能量来源"。因为中央集团军群的行动,斯大林预料到德军会进攻莫斯科,故而放弃了已经计划好的进攻行动,事实证明这是有利的。否则的话,驻扎在前线北段和中段的大部分军队都得按兵不动。所有"可以调用的兵力"都必须转移到特鲁迪河与索斯纳河汇流之处,直到亚速海的塔甘罗格,然后迁到往克里米亚半岛延伸的南部前线。德国高层则计划经由顿河侵入高加索区及其油田,一直到土耳其和伊朗边境。因为兵力和原料有限以及运输条件不利,德国集团军只有逐步出击并搁置其他战线,唯其如此 1942 年夏的主要战役才能进行,这就暗示进攻方要被迫接受巨大风险。

5 月 8 日以来德苏进行了几起小规模的战斗,比如刻赤半岛争夺战，其中16.9万名苏联人被俘。夏季进攻行动的起始状况成功地得到了改善，在哈尔科夫附近，东线军队最后一次大规模包围战发生，德国可谓战果累累，俘获了23.9万名苏联红军。7月初，整个克里米亚都落入德国手中。

6月28日，冯·魏克斯集团军级集群，即第四坦克集团军、第二集团军和匈牙利第二集团军在利夫内以南120公里宽的战线上列队，为"蓝色行动"整装备战，该行动两天后改名为"布伦瑞克行动"。6月30日，再往南行，第六集团军在200多公里宽的前线正面地段发起进攻。部队行进畅通，按计划成功抵达了"布伦瑞克行动第一步"的目标地理位置，但他们无法对大面积撤退的敌军进行毁灭性打击。这一点才是冯·魏克斯集团军级集群抓获全部7.3万名战俘的原因，而不是因为斯大林在1941年8月16日就已经发布的对待被俘士兵要像对待叛徒一样的指令。

按照希特勒的计划，错失的一切都要借助"克劳塞维茨行动"弥补回来。7月9日，行动随着第一坦克集团军双向进攻利西昌斯克开始，南线陆军划分为元帅威廉·利斯特指挥的A集团军群和元帅冯·博克指挥的B集团军群。A集团军群掌控第十一和第十七集团军、第一坦克集团军、意大利第八集团军和罗马尼亚第三集团军。而B集团军群下属的则有冯·魏克斯集团军级集群的各个分队以及第六集团军。进攻者又一次迅速赢得了空间，将顿河以西的战线向南推移了160公里。但是他们又一次未能摧毁撤退的苏联红军。由此，"克劳塞维茨行动"以失败告终：元帅冯·博克失去了"元首"的垂青，7月13日还丢了司令一职，接任者是大将马克西米连·冯·魏克斯·安德尔格隆男爵。尽管如此，希特勒还误以为苏联明智的撤退是脱逃，志得意满地认为自己胜券在握，并下令第一和第四坦克集团军以及疲惫不堪的第十七集团军向罗斯托夫方向进攻。借助大范围的包围策略，希特勒想要阻止斯大林的南线陆军经由顿河撤离。在这期间，第六集团军则顺畅地向160公里以外的斯大林格勒行进。

德国在7月23日攻陷罗斯托夫，但为时已晚。因为苏军避开了毁灭性打击，只有后卫部队被德军俘虏。尽管如此，希特勒仍然声称第41号指令中设定的目标"大部分已经实现"。就在同一天，希特勒还发布了继续执行"布伦瑞克行动"的第45号指令。跟原来规划不同的是，放弃按先后顺序逐一作战，而是下令同时开展双重进攻。按照指令，A集团军群要占领黑海东海岸以及迈科普、格罗兹尼和巴库（罗斯托夫东南1200公里以外）的油田，而B集团军群的任务则是在顿河边筑起战线，占领斯大林格勒，并沿着伏尔加河向里海海岸的阿斯特拉罕进军。

兵力的分散很快就引发了补给危机，尤其是在发动机燃料和弹药方面。尽管存在这些困难，A集团军群还是在8月9日占领了迈科普，9月1日又越过高加索的捷列克河，而在奥尔忠尼启则[①]前方的进军则陷入停滞。这样一来，德军指挥方面就出现了严重危机。希特勒权衡之后罢免元帅威廉·凯特（国防军总司令），还有元帅最亲密的军事参谋——炮兵将军阿尔弗雷德·约德尔（国防军领导小组组长）。然而，这样一来利斯特元帅就必须充当替罪羊。希特勒免除了他的指挥权，从1942年9月9日开始亲自率领A集团军群，直到11月22日任命大将埃瓦尔德·冯·克莱斯特为总司令为止。

最终，代号为"布伦瑞克行动"的高加索军事行动失败。无论是占领诺沃罗西斯克东南的黑海海岸，还是

---

① 奥尔忠尼启则：城市名，苏联军事要塞，该城市位于高加索山脉的丘陵地带。它原名为弗拉季高加索，在1931年到1944年和1954年到1990年期间，改名为奥尔忠尼启则。这个名字源于苏联党和国家领导人之一、政治活动家——格里戈利·康斯坦丁诺维奇·奥尔忠尼启则。——译者注

攻向里海海岸，都没有成功。德军至多只能试着维持已经获取的阵地。1942年9月24日，希特勒先拿大将哈尔德开刀，罢免了他，并任命步兵将军库尔特·蔡茨勒为陆军总参谋长。

1942年8月19日，弗里德里希·保卢斯将军就已经下令第六集团军进攻斯大林格勒。保卢斯的部队及其盟友军队遭遇了防守者的顽强抵御，至10月底占领了该城市约90%的领地。但是，当苏军在11月19日发起反攻之时，在斯大林格勒区域的顿河与伏尔加河之间，苏联3个方面军发起了一场完美的军事封锁行动，四天之内就包围了第六集团军约25万士兵。希特勒拒绝了保卢斯将军在11月23日率领集团军尝试突围的请命，一场持续数个星期的悲惨死亡就此开始，起因有饥饿、寒冷、疾病以及"敌人的影响"。11月21日，德军在第十一军最高司令部组建了由陆军元帅埃里希·冯·曼施泰因统帅的顿河集团军群，目标是在11月19日之前恢复局势；顿河集团军群由包括第四坦克集团军和罗马尼亚第四集团军在内的霍特集团军级集群、霍利特率领的进攻军集群（由第十七军团、第六集团军和罗马尼亚第三集团军组成），被插入集团军群A和B之间，但这已经无法改变既定战局了。

在 1943 年 1 月 31 日，以及 2 月 2 日，被围困的德军在没有举行正式投降仪式的情况下放下武器。19.5 万人的国防军队伍，有 2.5 万人被空军撤离，6 万人阵亡，11 万人踏上被俘关押的路途，只有不足 5000 人重返故园。

从斯大林的立场来看，伏尔加河畔内政外交上的重要胜利开启了东部战争关键点的序幕。从 1942 年 12 月直到 1943 年 4 月，苏联军队在南部前线先是经由顿河把进攻者驱逐到了北部，然后取道顿涅河，把他们向西击退到位于别尔哥罗德北部的战线——在最大宽度为 190 公里的库尔斯克战线突出部，该防线延伸至"蓝色行动"出发点以西 140 公里。此外，兵力不足也迫使德军中部和北部集团军群在作战时把战线拉直。因此，他们撤离了朝东的战线突出部，其一是在维亚济马和勒热夫附近（150 公里深、200 公里宽），其二是在杰米扬斯克附近（100 公里深、40 公里宽）。此外，1943 年 1 月，苏军还在重重困难下成功修建了一条抵达列宁格勒的公路。一年以后，苏军解放了列宁格勒。

1943 年 4 月，苏军踏上从别尔哥罗德到塔甘罗格的南部战线的征程，这条行军路线与 1942 年 6 月底的路线基本吻合。这主要归因于：纳粹政权利用于斯大林的指挥失误，在陆军元帅冯·曼斯泰因——南部集团军群（截至1943年2月12日改组为顿河集团军群）总司令的领导下，借助顿河边的反击，成功地将二三月份陷落的战线稳固了下来。这是军事行动上引人瞩目的成功，但丝毫没有改变整个战略局势。与冯·曼斯泰因所言不同的是，希特勒借此既不能赢回战略上的主动性，也不能在1943年3月底与斯大林平起平坐地谈判。

另外，从1942年12月到1943年2月，顿河边进行第二场杀戮战役，蒙受巨大损失的德国前线部队此时急需人手；紧接着，希特勒在欧洲的主要盟国意大利将其军队从苏联战场——在那里意大利第八集团军约有9万人死亡和失踪——转回了本国，这对轴心国同盟来说是一个警示的征兆。

斯大林格勒战役的失败也在纳粹内部造成了消极影响。纳粹政权遭受重创，一场信任危机随之出现，对"元首"的信仰发生动摇，其神话也支离破碎。然而，这些最终也没有危及希特勒的统治。大多数德国人不想放弃出现转机的希望，但是到1943年1月底，近100万德国士兵在东线阵亡。

不管怎样，戈培尔的宣传伎俩并不是在每个地方都毫无收效，他1943年2月18日在柏林体育宫殿的演讲就是一例。为了降低伏尔加河边那场战争灾难带来的心理影响，同时鼓动举国上下自愿为国捐躯，他宣布了所谓的"总体战"，但事实上从未实现。

斯大林格勒一战溃败的同时，德国在北非也开始酝酿新的军事行动。1942年8月底，隆美尔在北非又一次尝试着突破英军在阿拉曼的防守，目的是向埃及进军。当时英国第八军总司令——伯纳德·劳·蒙哥马利将军通过"超级机密"获悉了对方所有意图的详情，成功地阻止了德军的行动。

10月23日，在人员、武器和物资方面都占据绝对优势的英军转向反攻。11月4日，当德意坦克集团军遭遇包围威胁之时，隆美尔没有听从希特勒的停战命令，而是下令全面撤退。1943年1月23日，意大利在黎波里战役中溃不成军，此后直到2月底，这场撤退才在南突尼斯约35公里宽的马雷特阵地陷入停滞。从3月10日起，大特汉斯-于尔根·冯·阿尼姆代替抱恙在身的陆军元帅隆美尔，率领1943年2月23日组建的、由第五坦克集团军和意大利第一集团军组成的"非洲集团军群"。

在这期间，即1942年5月5日直到11月5日（期间有暂时休战），处于亲维希政府的军队保卫之下的马达加斯加被担心日本入侵该岛的英军占领。稍后，11

月8日，在美国将军德怀特·戴维·艾森豪威尔的最高指令下，英美联军在卡萨布兰卡、奥兰群岛和阿尔及尔登陆。在代号为"火炬"的军事行动中，盟军出动了10.7万人的军队，其中6.3万人来自坐拥430辆坦克的登陆军队。从港口输往英美两国的供给由370艘商船运送，有300艘战舰保驾护航。殊死搏斗以后，盟军和法军在11月10日商定停火。

希特勒和墨索里尼发现各自都在北非卷入了两个战场，作为应对措施，11月11日，两国长驱直入，挺近未被占领的法国，攻下科西嘉，并对停战的军队缴械。11月27日，在德军的一次进攻尝试下，在土伦扎营的法国舰队自行沉没。接下来，维希政府实际沦落为德国的傀儡。

此外，从1942年11月9日起，德意两国军队打算逼迫贝当政府同意在突尼斯建立桥头堡。希特勒希望之后可以从这个桥头堡发起攻势。考虑到英美在地中海地区的制海权和制空权，这就是个毫无希望的浩繁工程，就连给这个桥头堡提供充足供给都没有丝毫可能性。5月13日，桥头堡上的最后一批轴心国士兵投降，13万德军和12万意军被俘。盟军随后不受阻碍地控制了北非海岸，在欧洲的"第二条战线"宣告形成。

"第二条战线"在"大联盟"内部成为一个中心问题,还在苏联引发了信任危机。1942年7月底,英美就"火炬"行动达成一致;1942年8月中旬,丘吉尔在莫斯科将这一行动告知了狐疑的斯大林:它意味着一个中期解决方案,毫无疑问符合英国在地中海地区的利益,但与苏联在当地的利益背道而驰。罗斯福在面对斯大林时也表达了关切,另外也因苏德之间的特殊和平承受着巨大压力,但是在1942年,罗斯福对抗丘吉尔及其军事参谋的计划仍然无法执行。罗斯福本来也该跟其军队领导层一样,在1942年就以强建桥头堡的形式在北非开辟"第二条战线"。当时,美国政界和军界就在努力谋求1943年声势浩大的登陆行动。

1943年1月14日到26日,代号为"标记"的卡萨布兰卡会议召开,罗斯福、丘吉尔和各位参谋长出席;谈及"火炬"行动后的战事,与会人员总体上赞同丘吉尔的地中海战略。具体来说,责任义务约定如下:1943年攻入西西里,但登陆意大利的问题仍然悬而未决;1944年在法国登陆;通过美国对重要战略目标地的力度来扩大导弹战,并通过增强大西洋战役中的潜水艇防卫来扩大导弹战。美国参战的直接后果是:1942年交战的德国海军虽然再次取得了巨大成功,但因为装备损失太过严重，不得不在1943年5月中断北大西洋的潜水艇之战。

德国陷入了潜水艇战争带来的严重危机，直到1945年都没有渡过难关。其结果是军备升级毫无指望，另外还要开发具备虽已改良但远未成熟的水下作战性能的潜水艇，这些因素还是让希特勒1945年2月以为，他和海军上将邓尼茨期待的新式潜水艇战可能会决定性地改变总的战略局势，只是海军总司令再也不能检验一番，因为第三帝国在这之前就已经土崩瓦解。

随着卡萨布兰卡会议的召开，远东反攻的规划进程也展开了。美国战略制定者首先设想的是，进攻日本必定需要中国大陆上的根据地。几周以后的1943年5月，当罗斯福和丘吉尔在华盛顿会晤之时，军队高层就不再排除西太平洋的盟军迫使日本投降的可能性了。这样一来，在日本主要岛屿上的登陆可能已成多余。

卡萨布兰卡会议最严重的政治后果是：1月24日，罗斯福在新闻发布会上向在场记者透露了德、意、日无条件投降的战争目标，相关措辞震惊四座。斯大林因为伏尔加河畔的战事发展无法参加会议，但在5月1日也加入了这一声明协定。除此以外，他对英美的乐观说法毫不感冒。他对组建"第二条战线"的协定表示失望，并急迫警告不能让战争一再拖延下去。而私下里，与会期间的丘吉尔和罗斯福恰恰认为就是要继续延迟。他们言称1943年在法国北部建立一条战线，但事实上，他们从实际出发，计划的是1944年登陆。

在西方盟军策略之内，卡萨布兰卡会议标志着战争的转向，即美国越来越多地扮演着主要角色，并且战争越来越趋向全面胜利，这也包括轴心国无条件的屈服。可以理解的是，1943年，就轴心国的反应及其国内对"无条件投降要求"的煽动性解释来说，同盟国这一方几乎无人感兴趣。

第六章
全面胜利之路

1943年上半年,英国、苏联和美国计划迫使所有战线上的进攻者屈服。距离战事行动结束越近,从地区和国际视角来看,军事、经济、法律、权力和社会政治方面的战争目标问题就越急迫。在卡萨布兰卡商议的"白板"政策提出了一项原则,即要求德、意、日三国不得参加战后秩序的构建。当然,关于这一点战胜国还要协商。尚需商议的还有抚恤和惩戒的问题。属于这类问题的还有分裂德国、将日本的领土占有缩减至1914年以前的状态、去军事化、赔款、恢复所有被第三帝国及其盟国占据或吞并的欧洲国家的领土主权,以及按照1937年的现状划分国家版图。在这样的大背景下,因为苏联和波兰之间的利益冲突,"大联盟"内部产生了严重危机。

同时,还关涉到政治统治、国家共存以及国际市场准入的问题。容易理解的是,美国、英国和苏联并不同心。尽管如此,要将时势所造的英美苏战争同盟变成一个指向未来的和平联盟,按照罗斯福总统的想法还把中国囊括在联盟之内,这有可能吗?鉴于利益冲突,更确切地说,这看起来并不可能。

意大利的"第二条战线"

为了不损害与苏联的联合,直到1945年初,罗斯福和丘吉尔仍优先采取拖延的做法。虽然丘吉尔在1943年5月召开的、代号为"三叉戟"的华盛顿会议上介绍了"战后世界的结构",并展示了自己的"欧洲计划",但总体看来,这场会议充斥着军事策略,会上还发生了两起总体上并未受到关注的历史事件:5月15日,出于内政和外交原因,斯大林解散了共产国际;不久以后,华沙隔绝区的暴动结束。4月19日,5.8万名滞留在隔绝区的犹太人与武装党卫军及国防军部队之间爆发持续了一个月的战斗,而此时德国已将30万隔离区居民运送到了特雷布林卡灭绝营。希姆莱的刽子手至少在战斗现场枪杀了7000名犹太人俘虏,还有2.2万和1.3万犹太人分别被运到灭绝营和劳工营。

参加"三叉戟"会议的政界和军界代表还讨论了其他事务。他们确认了1944年在法国北部登陆的意图,计划使用大西洋群岛上的机场,坚持要求意大利无条件投降——而地中海地区的盟军总司令艾森豪威尔则宁愿避免此事,并且决定发起"爱斯基摩人行动",攻占西西里。

7月9日晚到10日,迄今世界史上最大的三军联合作战行动开始。英国第八军和美国第七军在西西里岛的南部和东南部登陆。进攻军队包括18.1万名士兵、3680架飞机、280艘战舰、320艘运输舰,以及2125艘登陆艇。西西里岛最多有32.5万名防卫士兵——其中包括68400名德国人(有些是后来赶到的),他们分布在意大利第六军的4个步兵师和5个海岸防守师、赫尔曼·戈林装甲师、第15和第29装甲掷弹兵师,以及第一伞兵师。开展空军援助的则有第二空军战队和皇家空军战队,他们7月10日这一天在意大利分别可以支配507架和449架随时待命的战斗机。至于这两个轴心国的海军力量,在抗击同盟国登陆时只起到辅助作用。

7月19日,"永恒之城"罗马遭到第一次空袭,德意两个独裁者在威尼斯附近的费尔特雷讨论局势。墨索里尼本想告诉希特勒想要退出战争的意向。但是，最后墨索里尼却缺少勇气做出决定，这就引发了7月25日的大法西斯议会颠覆"领袖"统治的后果。意大利国王任命佩特罗·巴多格里奥元帅为政府总理，此人立即宣布要将战争继续进行下去。尽管如此，希特勒仍下令要在盟国意大利实行政变。因为罗马的快速反应，这场图谋的暴动最终宣告失败，这样一来，1943年9月意大利退出战争就不能被称为"叛变"。在南部只有一场"叛变"，它来自德国。

8月初，西西里岛上抵御方的局势看起来毫无希望，他们必须撤离该岛。直到8月17日，约4万名德国士兵（连同重武器、弹药、车辆、器械和装备）及6.2万名意大利士兵转移到了陆地上。可以先行撤离的，足有13500名德国国防军士兵和32500名意大利王国部队的军人——大多是伤员。剩下来的是17.7万名死者、失踪者和俘虏。

艾森豪威尔的胜利让两万人丧命，两场杀戮就是其罪证——美军第45师的士兵在比斯卡里附近对74名意大利战俘和两名德国战俘大开杀戒。对此美国第七军将领乔治·巴顿将军也负有连带责任。1944年，他在法国统率第三军时,就再次要求对俘虏不留活口。这在欧洲绝非个案。1944年4月,第五山地师的士兵听从上级命令,在罗马南部杀害了24名盟军战俘。1944年12月,除比利时平民以外,德国武装党卫军成员还在马尔梅迪附近射杀了86名美国俘虏。按照希特勒1942年10月18日的指令,"派遣队行动"中被俘获的士兵遭到杀害。正如上文已经提到过的,德国士兵还屠戮了成千上万的意大利战俘。

西西里军事行动的进程给予了盟军攻占大陆的勇气。9月3日,巴多格里奥政府在西西里附近的卡西比勒与英美两国签署了停战协定,此时英国第八军的两个师沿着卡拉布里亚海岸登陆("贝敦行动")。在英国9月8日宣告退出战争以后,英军的一个师9月9日在塔兰托附近登陆("闹剧行动");在美国第五军统帅马克·韦恩·克拉克的最高指令下,美军4个师和包括下属部队在内的英军2个师在萨莱诺附近进行了计划已久的登陆("雪崩行动");到9月中旬,该行动也岌岌可危。

意大利军事统帅为退出战争做了不甚专业的准备,听任士兵在决定性的第一天就处于无人引领的混乱状态,而这对德国的意图是有利的。9月9日,重量级军官跟随国王维克托·艾曼努尔三世和巴多格里奥元帅,从罗马逃亡到被盟军占领的意大利南部领地。直到9月11日，意大利政府才宣称德国为敌方。从1943年10月13日起，两国正式交战。

德国国防军精准地规划了他们的应对措施（"轴心行动"），在无视意大利抗议的情况下，相应地调遣了进犯的军队。在法国南部、意大利和巴尔干半岛，60万德国士兵随时待命，让意大利国王军队缴械投降，将守卫的领土拱手相让。这些目标都大功告成，考虑到战利品的丰厚，可以讽刺地将此称为德国"国防军的最后胜利"。此外，德国伞兵在9月12日营救了墨索里尼，而他对纳粹德国在意大利推行举国打压心知肚明，后来成为附庸国"意大利社会共和国"傀儡政府的首脑。墨索里尼助推了希特勒的党羽在意大利北部进行战争所需的经济剥削，并从整体上方便了德国的占领统治。

从1943年退出战争直到1945年战争结束，每天都有超过160名意大利民众丧生（排除游击队员、"协助作战"的常规士兵以及受到战争影响而殒命的人），这样一想，德国占领统治的本质就变得鲜明起来。死者中有很多人都是犹太血统，他们都以一种直接或间接的方式死于德国人之手，有各个年龄段的孩童、妇女和男性，以及政治流放者、战俘和强制劳工。属于最后一个群体的还有军事关押犯。这个称呼被用在1943年9月8日之后缴械和被捕的士兵身上,而纳粹拒绝给予他们1929年7月27日签署的《日内瓦公约》规定的战俘这一身份地位。这些人中有50多万名都毫无权利,忍饥挨饿,被强制在纳粹战时经济区里超负荷工作,身体孱弱不堪,因为医疗条件跟不上,健康状况受到极大威胁。

正如在其他被占领国家一样,在意大利,德国人对待被视为劣等种族的平民大众也极具主子般的极具优越感,对非德国人的生命毫无尊重,在各种剥夺和压榨方式上无所不用其极,其残酷程度也令人发指。

实际上,在萨莱诺的决定性战役之后,就开始了一场摧毁性的、对人民大众来说惨绝人寰的战争。希特勒的军队撤退之时,所到之地血流成河。在这场战争的进程中,美国第五军和英国第八军逼迫德军——从1943年起主要力量是陆军大元帅阿尔贝特·凯塞林率领的C集团军群以及第十和第十四集团军,从一道战线向北撤退到另一道战线。萨莱诺战役之后,双方又在沃尔图诺河、桑格罗河、加里利亚诺河、拉皮多河和利里河等地开战;争夺卡西诺以及安齐奥和内图诺的滩头堡;在罗马地区(1944年6月4日解放)以及皮翁比诺和丘西附近开战;在特拉西梅诺湖、阿尔诺河、台伯河、佛罗伦萨北部，以及安科纳、里米尼和博洛尼亚附近交战，因为兵力损耗对军事行动造成的不利影响，出现了拉锯式的抗击战；在亚平宁北部和亚得里亚海边还出现了阵地战。最后，激烈的战况使得作战双方不得不退避到波河之后。

对所有参战者来说，战斗都异常惨烈。美军死伤18.9万人，英军死伤12.35万人，德军死伤43.5万人，这些数字本身就已经说明了问题。国防军、党卫军和警察在意大利前线上不仅要与盟军对垒，而且还要与跟他们势不两立的民众和强有力的意大利反抗力量对峙。到最后，C集团军群还是逃脱了被消灭的命运，这主要归因于英美联军的战略。英美关注的是诺曼底登陆计划，计划在意大利困住强大的德国军队。但是，他们并不会不惜一切代价地追求胜利。此外，在英美两国看来，纳粹军队在亚平宁半岛上的失败也只是一个时间问题。1945年5月8日纳粹德国投降，对意大利民众来说，结束的不光是一场世界大战，同时还是一场屠戮式的内战。

作为策略共同体的"大战"

在1943年8月20日的局势分析中，海战部队统帅确定的是,德国1942年"在宏观战略上"从主动出击的"铁锤"转向了被动承受的"铁砧"。这体现在以下方面:对待潜水艇战的态度,战略导弹战的强化和扩大,在意大利建立"第二条战线",以及发动"堡垒行动"。"堡垒行动"正是进攻从1943年4月以来形成的库尔斯克地区战线突出部的代号。

根据1943年4月15日第6号行动指令,"堡垒行动"的目标是摧毁"位于库尔斯克地区的敌军力量"(2个集团军从奥廖尔向南、从别尔哥罗德向北对该城市发起进攻)。同时德国还想缩短战线以节省兵力,并在"春季"和"夏季"赢得"主动权",以发起后续"进攻"。对希特勒来说,"堡垒行动"是力量的展现,而东线军队在这场行动中的凯旋给人留下深刻印象;希特勒希望这场行动"给世界发出一个信号",并在进攻方面误导苏联,以及在法国登陆上迷惑西方列强。从他的立场来看,这样的发展就让"逃脱"成为可能——这也是问题所在。

从7月5日起,43.5万到70万名德国士兵向190公里宽、120公里深的战线突出部发起冲击,而苏联红军洞悉了德军意图,及时将这个区域扩充成了一个巨大的防御区。北部进攻军队由中部集团军群第九军(包括6个装甲师、2个坦克特种师和7个步兵师)组成,属于南部进攻军队的则有第四坦克集团军和隶属于南部集团军群的坎普夫集团军级战斗群（包括3个突击炮兵旅、7个步兵师和11个装甲师）。当然，有关攻击方和防守方的规模、组成及武器的数据是有出入的。根据相反的说法，希特勒的进攻军队拥有数量至少为1377、最多为3155的坦克和突击炮，9960门大炮或迫击炮，此外还加上第四和第六空军舰队的1400架飞机——甚至可能是2000架。在库尔斯克战线突出部，国防军的大部队与共计130万到200万人的3个苏联方面军（其中一个是最高统帅部的后备力量）对垒。苏军分布在18个集团军，包括储备在内拥有数量不少于3400、但至多为5130的坦克和突击炮，还有19500门大炮或迫击炮，以及争夺制空权的2100架飞机（一说3200架）。

从军事角度来看，"堡垒行动"只是一场即兴行动：所谓"为行动而行动"，因为这场进攻毫无策略可言。像1941年和1942年一样，德国东部军队在1943年也一败涂地——这次退败是在较小范围内，程度也比较低。7月中旬，希特勒就下令中止这次行动，尽管他之前提过对行动成功心存幻想。之所以作出这一决定，尤其是因为北部军队仅仅行进几公里之后，就在7月11日举步不前；与此同时，苏联反攻部队的本来意图是为在库尔斯克地区作战的军队减轻负担，7月12日却（在奥廖尔的战线突出部）给德军第二坦克集团军造成了威胁之势。此外，英美联军在西西里登陆，意大利的垮台预示来临，这些都迫使德军各个师撤退。

从此之后，只有苏军单方面取得并一直占据主动权，而德军东部军队则开始有序撤退。德军充分利用自然的屏障，采取焚烧大地的策略，采用为反击苏军进攻浪潮坚守固定区域和战线突出部的防波堤手段，并在短时间内建立了从纳尔瓦出发，经由维切布斯克，沿着第聂伯河一直延伸到亚速海的东部战线。这些手段虽然可以延缓苏联的进军速度，但却无法阻止其前进的步伐。苏军在"堡垒行动"的关联下开启的夏季进攻，很大程度上集中于战线以南地区，由此赢得了平均300公里的空间。1943年8月，德军放弃了奥廖尔和哈尔科夫，自9月中旬起撤离库班桥头堡。11月，苏军在广阔的战线上挺进，越过第聂伯河并解放了基辅，德军A集团军群在克里米亚被孤立起来。

诸如此类军事行动的成功具有政治影响力。8月10日，"美国高层军方鉴定"就已推荐要努力与未来的欧洲领头国苏联交好。至于英国，在美国将军眼中，看起来只进入了第二梯队。一个典型的例子是，在1943年

8月17日到24日召开的、代号为"四分仪"的魁北克会议上,丘吉尔再次提出强化地中海战役的建议,但没有得到采纳。会议结果确认,1944年5月的诺曼底登陆(代号"霸王行动")照常进行,这正符合美国的期望。此外,协调进行的法国南部登陆行动也进入了讨论环节(代号"铁砧",后来改为"龙骑兵")。

魁北克会议结束后,斯大林获悉了这一决定:将东南欧和中欧的大片地区交由苏联红军来"解放",而不适当考虑英国、苏联和美国的不同政治利益格局。直到1943年10月19日到30日的莫斯科外长会议,才决定在伦敦建立一个"欧洲协商委员会",意在为战争结束后的欧洲相关问题商讨解决方案。

另外,罗斯福和丘吉尔还在魁北克签署了一项有关原子弹开发合作的秘密协定。他们约定,这一新型武器只有在协商一致的情况下才可以对第三国使用。两国坚持了这一点——向日本投放原子弹并非美国的独家行动。

另外,东亚的政治和战争议题也被提到魁北克会议日程之上。1943年11月22日至26日,丘吉尔和罗斯福与蒋介石在开罗会面,继续讨论了相关问题。在他们与斯大林共同会面的前一晚,就已经谈到了除军事行动事宜之外的战后规划问题:中国将收回台湾和澎湖列岛,而韩国成为一个主权独立的国家。

1943年11月28日到12月1日,"三巨头"遂在德黑兰举行会议。值此会晤(代号"欧瑞佳")之际,他们在"大联盟"内部互相协调了策略,把"霸王行动"连同"铁砧行动"一起确立为1944年最重要的军事行动。欣喜万分的斯大林主动提出,用苏军的反攻来支援登陆。美军司令们如释重负地确定,苏联在战胜德国后要向日本宣战了。这一点至关重要,因为美国军界再度认为,进攻日本是无法避免的了。盟军因此需要中国大陆上的基地,而这些已被日本占据。此外,德黑兰会议涉及的政治问题还有:波兰和苏联的未来边境,分裂德国,芬兰和波罗的海国家的地位,承认约瑟普·布罗兹·铁托为南斯拉夫唯一的盟军阵营总司令,以及土耳其实际上直到1945年3月1日才参战的问题。

希特勒在1943年11月3日发布了"保卫西方的51号指令",这是他在第二次世界大战中的最后一个战略决定。在畏惧盟军登陆法国的心理驱使下,希特勒把战争中心转移到了西欧。至于继续存在的"东部危险",他也了然在心。只是他在1943年深秋认为,东部"空间辽阔",允许"在极端情况下出现即便是大面积的领地损失",因为这样不会"致命地"触及德国的"命脉"。

换言之，决定战争的是西部战线。在抗击登陆之后，"一切都过去了"，然后可以"再把军队从西边调到东边"。在前提条件发生根本性转变的情况下，希特勒重新回到了战争第一年的军事策略基本理念上面。不管东部局势变得如何具有威胁性，希特勒还是依托这一理念。

1944年初，迂回曲折的东部战线进展如下：一路波及列宁格勒、伊尔姆湖、维切布斯克、莫济里、科罗斯坚、法斯托夫、克里沃罗格、尼科波尔以东足足30公里、第聂伯河下游、谢尔森和黑海。这就意味着，苏联解放了1941年6月以来被德国占领的一半以上的领地。

1月14日，在约400公里宽的列宁格勒—涅韦尔前线地段上，苏军对德国北部集团军群发起了大规模进攻，直到3月份，这一军群撤退到当前战线以西最远270公里的"黑豹阵地"（纳尔瓦、楚德湖、普斯科夫、新索科利尼基）撤离。苏军还进攻了驻扎在波洛克—莫济里地区的德国中部集团军群，但以失败告终。相反的是，从3月4日起一直到5月份，苏联对德国南部集团军群和A集团军群展开春季进攻；在作战进程中，参照1943年底的战线走向，从莫济里延伸到谢尔森的南部战线在700公里的宽度上部分向西推移了500公里：一路席卷黑海岸边的扎托卡、第聂伯河下游、蒂拉斯波尔、罗马尼亚的雅西、喀尔巴迁山脉东部支脉、杰利亚京、科韦利、普里皮亚季沼泽地的西南角,以及莫济里。这导致德国中部集团军群在莫济里守住了向西延伸300公里的南部战线,再加上东部战线500公里宽的前线地段,总的算来就是一条800公里长的战线。1944年5月13日,克里米亚的解放为苏联的春季进攻画上了句号。随后,直到6月22日,整个东部战线进入休战期。

第三帝国不仅在军事上面临着严峻时刻,其军备基地也丧失了。尼科波尔一战让它失去了不可替代的锰矿山。1944年4月5日,美国第15空军舰队从意大利出发,开始对罗马尼亚的油田以及德国管辖区内的精炼油厂和氢化工厂发起攻势。就在同一个月,被盟军置于压力之下的土耳其停止了对德国的铬铁矿运输。在5月,西班牙缩减了对德国的钨出口。同时,盟军空军部队也开始系统性地攻击德国的合成燃油制造厂。于是,施佩尔及其手下的专家紧急提醒,如果无法提供补救措施,就要提防自身作战的毁灭性后果。在极端情况下,德国国防军遭受着寸步难行的威胁。

雪上加霜的是,4月1日以来,1.1万架盟军飞机开始攻击法国和比利时的交通网和军事目的地。为了备战"霸王行动"的袭击阶段——即"海王星行动",盟军抛丢了约19.5万吨载弹量。6月6日凌晨约1点30分,空降师遂发起了战斗,五小时以后,登陆艇及地面部队也出动了。次日零点之时,在得到重型舰炮的有效支援下,132715名士兵在位于瓦雷维尔及其以东80公里的梅维尔之间的5个桥头堡登陆。盟军在"霸王行动"时拥有86个师、1213艘战船、4126艘登陆艇、5112架轰炸机、5409架歼击机和2316架运输飞机。在坐拥绝对制空权的情况下,在D日(即"史上最长的一天")飞行出击的士兵达到14647人。24小时之后,世界战争史上最大规模的三军联合作战行动宣告成功。"海王星行动"6月30日结束,那时陆地上还有850279名盟军士兵,这一数字到7月底上升至156.6万。以此衡量的话,德军的58个师兵败如山倒,一败涂地的还有极度疲软、但在登陆当天仍可笑地发动了319次出击的第三空军飞行员,以及越发不堪一击的海军队伍。

解放西欧在"霸王行动"中开始,尽管美国和法国军队直到8月25日才进驻巴黎,而直到1944年7月底,盟军还滞留在莱赛、圣洛、科蒙、艾弗西、布尔盖比、特罗阿恩战线以北。在这个区域之外,盟军从大约25万法国内地军①那里得到了直接或间接支援。正如苏联、波兰、南斯拉夫、希腊和意大利的反抗一样，法国的抗击在军事上也是举足轻重的。这让人想起格拉讷河畔的奥拉杜尔村里发生的骇人听闻之事：1944年6月10日，党卫军第二装甲师——"帝国师"在当地残忍杀害了205名孩童、240名妇女和197名男子。这是一场对无辜民众的杀戮，不是报复行动——没有什么可"报复"的。更确切地说，是用极端的残暴来威慑平民大众，打消他们对游击队员的支持。从这一点来看，奥拉杜尔事件对德国在西边的占领统治来说可谓再典型不过，就像在南边、东南边和东边的情形一样，都是要对民众施展屠杀性的恐怖统治。

诺曼底登陆三天后，苏联对芬兰战线发起了进攻，将这一战线部分地往西北推回了300公里。当芬兰开始崩溃之时，9月19日，这个国度与苏联和英国协商停战，协议规定芬兰有义务帮助驱逐来自拉普兰省的德军。芬兰别无其他选择，德国在失去盟友的同时，还丧失了为

---

① 第二次世界大战期间，法国国内反法西斯地下抵抗组织的联合武装力量。1944年初，盟军和苏军在各个战场节节胜利。为迎接全国解放并配合盟军进军西欧大陆，法国民族解放委员会于2月1日决定正式成立法国内地军。——译者注

战争服务的镍矿运输。

进攻卡莱利之后，苏军又对所有战线发起了一场积极主动的军事行动，巧妙地转移了重心。在德国进攻的第三周年纪念日，囊括220万名士兵、5200辆坦克和5300架飞机的4个苏联方面军对武器和原料不足、只有70万人的德国中部集团军群发起了反攻；一场灾难由此开始，比当年斯大林格勒之战更甚。1944年7月8日，德军28个师被歼灭，35万名士兵阵亡、失踪或者被俘。东部战线裂开了一个巨大缺口，苏军各师以此为通道，向东普鲁士以及华沙附近的魏克瑟尔河湾进攻。

白俄罗斯第一方面军的挺进导致波兰首都的家乡军在1944年8月1日起义，它直接反抗占领政权。波兰首都暴发的起义为战胜希特勒作出了巨大贡献，其政治目的是进一步巩固建立一个自主波兰的要求。无论是美国还是英国，甚至就连没有把波兰爱国者列入霸权主义者的苏联，都没有及时利用所有机会，来协助绝望抗争的波兰本土军。10月2日，他们不得不投降。战死、遇难和被蓄意杀害的波兰军民人数目达到25万以上。

这个夏季对希特勒来说并不好过。在诺曼底灾难之后，7月20日，他在中部集团军群侥幸逃过一场暗杀，参与者是上校克劳斯·申克·冯·施陶芬贝格伯爵周围的军官群体。对暗杀密谋者（其中除了军官，还包括公务员、政客、工会头目和神职人员）来说，首要关注的不再是对盟军的德国计划施加影响，因此，为这个目的进行的最后一次暗杀尝试未免来得太晚。暗杀行动失败后，有200人被处决。也无法断言，如果希特勒被刺死会产生什么影响：对待战事的态度会发生转变？会导致混乱、内战或第二次偷袭？唯一具有历史影响的是以下事实：为了德国更好的明天，暗杀者付诸行动、献出生命。然而，笼统地说"军事反抗"并不恰当，因为这场暗杀在国防军中得到的支持寥寥，仅有几个人决定付出实际行动。

美军在7月30日到31日攻破了阿弗朗谢附近的战线。随后，英国第21集团军群和美国第12集团军群发起了一场运动战，在战役中德国B和D（后来是B、G和H）集团军群毫无取胜机会。因为他们一方面缺乏空军支援，另一方面，当苏联8月底之前占领普洛耶什蒂的石油区域之时，他们已经遇到发动机燃料不足的困难。但德军各师仍粉饰战局，谎称在法国北部和南部"成功赢回了战争"。8月15日，美国第七集团军（第六军团和法国第二军团）在耶尔和戛纳之间的地带发动了"龙骑兵登陆行动"：2000架陆基飞机和9艘航空母舰保证了制空权，包含5艘战列舰在内的887艘战舰为1370艘登陆艇保驾护航；在德国G集团军群防御疲弱的情况下，两天后，这些登陆艇保护近8.7万名士兵和12250架飞机着陆。"龙骑兵登陆行动"的战略意义在于对法国南部港口的解放，当运河河岸的供给形势因为卸载能力不足而尖锐化之时，在西欧作战的盟军的补给有三分之一会通过这些港口运输过来。

在法国第一军团的补充之下，一个月后，美国陆军第七军（后来是第六集团军）挺进了500公里，一直抵达蓬德鲁瓦德、吕尔和吕克瑟伊。11月21日，战线延伸至被解放的贝尔福以北。

9月4日，英军开进了安特卫普。但他们未能打开通往港口的大门，即德军控制之下的斯凯尔特河口。在艾森豪威尔的批准下，蒙哥马利元帅集中兵力，在阿纳姆附近的莱茵河东岸建立一个桥头堡，并占据多座河桥（"市场花园行动"）。在此，两位将军显然忽略了一个事实：他们在攻击被德国占领的区域时，需要安特卫普这一补给基地。这是一个代价高昂的错误：从9月25日起，"市场花园行动"宣告失败，而11月28日之前，没有一艘供应船开进安特卫普的港口。

10月21日,美军首次占领了德国的一座大城市——

亚琛。他们在鲁尔河沿线一直战斗到 11 月 16 日,从 12 月 8 日起又控制了该区域的西边(鲁尔蒙德到海姆巴赫)。但是希特勒并未放弃。利用最后的储备力量,12 月 16 日,他在蒙绍和埃希特纳赫之间的地区策划了"莱茵河边的保卫行动",即所谓的阿登进攻战役。参战的是 B 集团军群,包括 3 个集团军(21 个师)和 1794 架飞机。德军在策略上成功地震惊了对手,当然行动目标却极不现实:突破马斯进军安特卫普(以隔绝美军和英军),并包围第二十一集团军群,其目的在于敦促英国最终与德国签署协定;而当时英国害怕失去自身在国际政治上的领先地位,举国上下看起来危机笼罩。

一旦天气好转,德国的进攻就会因为盟军占据的空军优势而陷入停滞。根据施佩尔的回忆,之后对德国的占领"因为一场混乱而无意识的反抗而推迟"。

1945 年初,战线尚还相对稳固:它从鹿特丹出发,经过蒂尔堡、亚琛、特里尔、萨布吕肯,朝卡尔斯鲁厄推进,在东西方向分别经过斯特拉斯堡和科马,并延伸至被解放了的米卢斯。

鉴于东部局势,一个常见的说法是:希特勒下令让那里的战斗持续到最后,是为了拯救众多难民的性命,并尽可能多地把士兵从苏联的战俘营中解救出来。这当然是无稽之谈，事实证明，希特勒对那些人的多舛命运，正如对德国人的命运一样，毫无半点兴趣。

1944年8月20日，苏联在东部战线的南段发起了一场进攻，其首要动机跟政治相关，是为了把德国国防军从东南欧驱逐出去。希特勒预料到英国和苏联之间会产生利益冲突，即刻希望"大联盟"破裂。在10月9日的莫斯科会议上，丘吉尔和斯大林却就势力范围达成了一致。根据协议，保加利亚80%的领土、罗马尼亚90%的领土、匈牙利80%的领土划归为苏联势力范围，希腊90%的领土则划给英国。至于南斯拉夫，他们协议各占一半。

在此之前，罗马尼亚和保加利亚就已经转换战争立场。8月25日和9月8日，两国新政府分别对德国宣战。在匈牙利也发生了激烈战斗，从1944年平安夜开始，被包围的布达佩斯成为第二个斯大林格勒。

东南欧的局势迫使巴尔干半岛的德军从9月开始撤离，他们一路战斗，跨越1500多公里，从希腊、阿尔巴尼亚、黑山退至南斯拉夫中部的德里纳河防线；其后，从1945年1月至4月，又退到当时的德国—克罗地亚边境。

在东部战线北边，从10月开始直到战争结束，德国北部集团军群（从1945年1月25日起改称"库尔兰集团军群"）被困在库尔泽梅。10月中旬，在对东普鲁士贡宾嫩以南的内莫斯多夫的进攻中，苏军对当地平民犯下了禽兽不如的暴行。这为数百万德国东部居民和苏台德地区德国人的悲惨遭遇打上了印记——这一切都不是偶然的。

欧洲的战争终结

1945年初，东部战线超出1937年德国边境的180至350公里（除东普鲁士以外），它沿着梅梅尔河直到施马伦宁肯，以及因斯特堡以东直到沃姆扎，经过纳雷夫河抵达华沙，一路经过维斯瓦河，直至卢布林。此后，战线又经过热舒夫，向着科希策的方向，沿着匈牙利—斯洛伐克的边境到达沙赫，一路经过格兰、布达佩斯和贝拉通，直到德劳河畔的莱格勒，从那里又抵达巴旗—帕兰卡。然后战线接近查萨克，在德里纳河防线的前部地带穿过南斯拉夫，到达莫斯塔尔，最终在扎拉结束。

苏军从维斯瓦河的巴兰诺夫—桑多梅日桥头堡出发，从1月12日起，开始在梅梅尔河和德劳河之间的地段发起决定性的大规模进攻，最后有8个方面军参加进来（波罗的海东岸三国第一方面军、乌克兰第一到第四方面军以及白俄罗斯第一到第三方面军）。德国东线军队的各个师筋疲力尽，无力抗衡。尽管如此，德国从东普鲁士和但泽海湾各港口的撤军还是到1945年1月23日方才开始。

2月8日与23日，西方盟军分别在奈梅亨以东与鲁尔河畔发起了最后攻击，并以此参与到欧洲战争的决战中来，此外还发动了毁灭性的、很难解释军事原因的空战。对数数万德国人来说，世界战争史上最恐怖的时刻到来了。尤其是鉴于德国领土上毫无意义、自我毁灭式的战斗，战争末期也记录下了最高军事领导层及其司法部门的表现：他们囿于对罪恶滔天的国家首脑的反常忠诚，表现出几乎无法逾越的不负责任的态度。

大战戏剧性的收尾可以客观冷静地总结如下：1945年4月12日，令人震惊的是，罗斯福总统去世。在他之后杜鲁门继任，对苏联持疏离态度。4月15日，希特勒向"德国东线士兵"发出了欣喜若狂的号召："在这个时刻，命运带走了地球上有史以来最大的战争罪人，这场战争的反转就要成定局了。"又说道："德国是我们德国人的，奥地利会再度属于我们德国，欧洲永远不会被苏联据为己有。""元首"的亲信不愿否认的是，他的想法是认真的。而事实看起来却迥然不同。4月25日，美国陆军各部队和苏联红军在易北河畔的托尔高附近汇合，同一天苏军包围柏林，5月2日柏林守军投降。4月30日，希特勒在帝国总理府的地堡中自杀，而就在此前他已确定海军上将邓尼茨为继任者，让他来掌管国家。5月7日，在位于兰斯的艾森豪威尔总司令部，德国大将约德尔在国防军最高司令部的委托下，签署了无条件的军事全面投降协定；5月9日，在位于柏林卡尔少斯特①的苏联总司令部，陆军大元帅凯特尔及其他军官也签署了这一协定。

5月23日，邓尼茨政府成员被移交作为战俘处理。6月5日，《柏林宣言》发布，"四名军事司令官"负责在德国及其各自占领区行使最高权力。由此，1944年11月14日签署的"约束协定"生效。协定确立了"盟国对德管制委员会"（总司令）的职能与任务，它是代表主要战胜国在整个德国的最高机构。从1945年2月4日至11日的雅尔塔会议开始，法国也成为主要战胜

---

① 卡尔少斯特：柏林的一个区，柏林战役期间苏军的指挥部所在地，苏军接受柏林守军投降也是在这里。德国投降后这里被苏联占领，隶属东柏林，驻有苏联对德军事管理机构，苏联的情报机构克格勃的据点也设在这里。——译者注

国的一员。

在代号为"墨鱼"的克里米亚会晤上,"大联盟"的战争政策达到顶点;斯大林向丘吉尔和罗斯福确认,他会在欧洲战役结束3个月之后向日本宣战。为此,美英苏签署了一份中国国民政府并不知情的秘密文件,保证苏联可以得到东亚领土。会谈的中心是战后问题,涉及联合国(1945年4月25日至6月26日在旧金山召开成立大会)、赔款、根除"纳粹主义和军国主义"、军备工业的未来、战犯审判,以及东南欧和中欧东部地区的政治规划。就波兰而言,为了补偿苏联要求的领土,盟军确定了东部国界,这就意味着波兰的西移。也就是说,达成一致意见牺牲的是第三帝国的利益。波兰国内发展受到苏联的极大影响,对此各国意见极不统一。

除此之外,在会议进程中显示,可能会出现一种矛盾重重的两极世界秩序。尽管如此,大多数参会者暂时对雅尔塔会议的处理结果表示满意。据罗斯福的特派员哈里·霍普金说,总统的绥靖政策看起来卓有成效。

相应地,在波茨坦的会议(1945年7月17日至8月2日)也充满希望地拉开帷幕,其代号为"终点",参加者有杜鲁门、斯大林和丘吉尔,但丘吉尔在劳工党大选获胜后于7月26日下台。两天后,克莱门特·艾德礼接任，此前他一直是副首相和战时内阁成员。会谈最重要的内容是德国问题和对日战争的延续。针对德国，战胜国讨论的问题包括占领区、保持经济一体化、战败赔款、经济控制、军备拆除、领土分割，还有来自波兰、匈牙利和捷克斯洛伐克的移民，以及战争犯罪、去纳粹化、去军事化、民主化和战争赔偿。"终点行动"虽然没有失败，但最后一场有关战争的会议过后，一项统一的德国与世界政策的基础变得薄弱了许多。

远东的决战

7月26日，美、英、中三国通过"波茨坦宣言"向日本政府呼吁，要求"所有军队无条件投降"。另外还有涉及领地、经济、法律和政治文化的"条件"，总的来说是日本可以接受的。尽管连天皇都建议在苏联的调解下结束战争，但日本鹰派对此看法截然不同，他们坚决贯彻对最后通牒的反对意见。此外，日本强硬派还忽视了"反日联盟"咄咄逼人的军事优势。

1943年6月，"反日联盟"在太平洋西南地区发起了一场攻击。麦克阿瑟的士兵在所罗门群岛上的新乔治亚岛和伦多瓦岛以及北部的维拉拉维拉岛登陆。在那里，他们避开并孤立了科隆班加拉岛上的日本强劲卫戍部队。美军在这里首次运用了跳岛战术:规避与隔绝——这是一种通过占领力量较弱的毗邻军事基地来封锁强劲据点的军事行动。这种方法可以避免自己受损,但会导致被围困的岛上生存条件更加恶劣不堪。1943年11月,争夺所罗门群岛上的布干维尔岛的较量开始。此后,美军开始对日本在南太平洋上的最强军事据点,即新不列颠群岛的拉保尔发动系统性空袭,而该岛在1944年5月阿德默勒尔蒂群岛解放之后一直是保持中立的。

另外一场进攻于1943年11月在太平洋中部爆发,该区域属于海军上将尼米兹的统领范围;这场攻击在23日解放了吉尔伯特群岛上的塔拉瓦,开放了通向马绍尔群岛的道路。1944年1月,美军在那里夺取了夸贾林岛、马朱罗和罗伊岛,2月中旬又占据了西北边相距500公里的埃尼威托克岛。到4月底,他们摧毁了日本在中太平洋海域的主要军事基地——加罗林群岛上的特鲁克环礁。同时,从1943年底开始,美国海军的潜水艇向日本的补给运输发起了致命打击,其中值得注意的是,导致日本战争工业几乎瘫痪的并不是战略上的导弹战,而是美国海军和陆军航空队对日本本土的封锁。

若把视线转向珍珠港战役后中日战争与世界大战

融合的欧陆,就会发现,日本到1944年4月还不受威胁地占领着一片领土,它包括大同——北京附近长城以北的地区,从长城这一文化古迹向南延续了1300公里,大约一直到常德——温州一线,在这一区域内从东海岸向西绵延400到1000公里。

盟军越过太平洋开辟道路,向5000公里以外的日本主要岛屿逼近,目的是给到1945年7月都被视为必要的进攻创造前提条件;而日本则在1944年2月从缅甸西部向东部印度进犯,以此来与盟军抗衡。苏巴斯·钱德拉·鲍斯率领的"印度国民军"也加入了这场行动,最终以日本军队历史上的最大一场溃败告终。

与之相反的是,1944年4月开始的日本最后一场大规模反攻(代号"一号作战计划")大获全胜。进攻者打通了与850公里以外的印度支那相连的交通要道,占领了华中和华南的广阔领土,其中只剩一小部分处于蒋介石的控制之下。日军在事实上摧毁了国民党军队,通过驻军或建立强大桥头堡的方式控制了中国海岸,占领了所有被美国陆军航空队用于战事的军事基地(从1944年11月起,美军从关岛和塞班岛轰炸日本)。这样来看,1945年春,中国战场的意义主要在于它束缚了100万日军士兵。

在这期间，1944年6月对太平洋地区的双重进攻波及马里亚纳群岛；到8月11日，美军占领的关岛以及日本的托管岛塞班岛和天宁岛都被解放。同时，在菲律宾海域还爆发了对日本海军具有毁灭性打击的海空战。此外，日本撤退的战线从菲律宾开始，经过中国台湾、琉球群岛、本国国土，直到千岛群岛。到7月底，澳大利亚和美国军队解放了新几内亚。只有日本第18军被隔离的残余力量还在该岛上负隅顽抗。9月中旬，美军在属于帕劳群岛的贝里琉岛登陆以后，又发生了持续数个星期、损失惨重的战斗。10月20日，美国陆军第六军在莱特岛登陆，对菲律宾的解放随之开始，而珊瑚岛则为麦克阿瑟军队的右翼提供掩护。从1944年10月22日到25日，当美日军队在莱特海湾展开有史以来规模最大的海战之时，麦克阿瑟的部队还在奋力争取扩大滩头堡。日本海军要么决一死战，要么坐以待毙——结局都是失败。在此之后，美军对菲律宾的重新占领势不可挡，尽管在当地的战斗一直持续到1945年6月。

1945年2月19日，尼米茨就已经下令袭击位于东京南部1045公里处的硫磺岛。对该岛的占领其实并非必须，但引发了一场持续36天的极其残酷的血战。进攻太平洋的联合行动在战略上的最后一步棋就是占领冲绳，它距离日本最南部的主岛九州550公里。因为美国一直在策划进攻日本，占领冲绳就变得极为重要。4月1日，在1200多艘战船的支援下，美军4个师登陆成功。11万日军占据大幅度扩充过的防御阵地，他们与18万美军对垒的消耗战直到1945年6月21方才结束。在抵御登陆军队以及岛屿前方作战方面，发动了近2000次冲击的神风飞行队被证明是日本最具效力的武器。美国海军在冲绳附近遭遇到了本次世界大战最严重的损失，共有1.25万人阵亡，3.7万人负伤；日本方面仅有7400人存活。就像塞班岛的情形一样——1944年，在并非总是出于自愿的情况下，成千上万的平民没有选择投降，而是杀害了家人并且自杀；在冲绳的军官也命令居民优先考虑自绝，而不是投降。足有15万人在岛上丧生，因为战争的影响而亡，被日本军方杀害，或是在朋友、亲戚或自己的手下丧命。

鉴于冲绳岛上的事件，盟军忧心忡忡地期盼着在日本主要岛屿上登陆。他们预感，在歇斯底里的抗争以后，由国防部长阿南惟几将军、总参谋部长梅津美治郎将军和海军参谋部长丰田副武上将率领的极端军事集团会驱动民众集体自杀，而不是投降。基于既有经验，美英军队在侵袭九州时预计至少会有25万人伤亡。如果占领整个日本，这一数字在极端情况下可能会增至150万。

在此情况下，杜鲁门在1945年7月17日开始的波茨坦会议上透露美国拥有原子弹。丘吉尔在备忘录中写道，他和杜鲁门总统根本就没有谈到"是否该使用原子弹"。对他们来说，原子弹是一个把双方从侵袭的"梦魇"中"解脱出来的真正奇迹"。7月26日，上文已经提及的最后通牒发出，两天后日本表示拒绝，也许是认为西方列强最后会因为预料中的巨大损失而畏惧发起登陆行动，从而有意愿寻求和平让步。1945年3月9日夜晚到翌日，美军发动一场使用了燃烧弹的空袭，日本有10万人丧生。尽管如此，日本鹰派还要冒险，他们对战略上的空袭后果视而不见。美国空军持续轰炸日本国土，到1945年7月底，日本大多数城市和大型居民区都处于一片灰烬之中。经济、工业、交通和通信系统呈现被摧毁或瘫痪的状态。

从根本上说，杜鲁门仍然别无选择。在拥有原子弹，而且知道美国民众希望尽快结束战争的情况下，他必须投放原子弹逼迫日本投降。8月6日和9日，美国向广岛和长崎分别抛掷了原子弹，造成212545人丧命，15.4万人受伤。这是一场双重打击，以下事件又让日本雪上加霜：1945年8月8日，苏联向日本宣战，次日，三个方面军向处于绝对劣势的关东军发起了一场猛攻。作为应对，8月10日，日本宣告愿意接受《波茨坦协定》。但日本军事集团再一次拒不赞成，想要继续战争，甚至酝酿政变。日本在中国和包括印度尼西亚在内的东南亚仍然保有大片领土，但这一事实在某些人看来可能已经失去实际意义，此时的日本经历着一场严峻危机。8月14日，日本天皇重又动用自己的全部威望力主和平，宣布最终同意履行《波茨坦协定》的条件。9月2日，日本代表在美国战列舰"密苏里"号上签署了投降协议书。

第七章
第二次世界大战的遗产

当枪炮喑哑之时,一场全球性的系统化冲突随之画上句号:这场具备摧毁性质的大战席卷欧亚,从1939年到1945年,1.1亿士兵在枪林弹雨之中出入。6000多万人在常规部队海陆空战的对垒中丧生,成为种族屠杀、游击战、镇压、战争犯罪或驱逐行动的牺牲品。众所周知,现存的相关数据并非绝对可靠,并且经常是矛盾的。然而毋庸置疑的是,苏联(死亡人数2500万)、中国(死亡人数1500万)、德国(死亡人数700万)、波兰(死亡人数600万)和日本(死亡人数250万)损失最为惨重。另外,在欧洲和亚洲还发生了由逃亡和强制迁移引起的人口大迁徙,波及好几百万人。必须铭记的还有那些强制劳工的命运,这个群体的人数在第三帝国不低于780万,在日本至少有210万。

此外还有物质上的破坏,这在东欧和中国尤其严重;就城市和交通事业来说,日本和德国都蒙受了巨大损失。例如,在苏联有1710座城市和7万个乡村被摧毁,加起来共有600万幢建筑被毁;在德国则有163万座建筑物以及500万栋住宅被毁;日本被毁的民居达到370万座。对整个经济损失的估计则有较大出入,对各国国民经济在战争的间接影响下遭受损失的估计同样各不相同。

另一方面,很多科技上的更新换代也可算作第二次世界大战的遗产。美国制造了原子弹,为使用问题重重的原子能铺平了道路。完全撇去军事意义不论,喷气式飞机也开启了民用航空的革命化。战时军工的发展还为航天事业奠定了基础。除此以外,值得一提的还有雷达、电脑技术、信息技术、批量生产技术、新型医药以及医疗方法。

就战争带来的重要潜在问题而言,还包括社会和道义现象,当然并非所有问题对每一个国家的意义都同等显著。比如:对欧洲犹太人的屠戮就牵涉罪责问题,也许可以从犯罪、政治、道德和形而上学的视角来回答;

纳粹对病残人士的屠杀；在亚洲和欧洲的战争犯罪以及对德国、意大利和日本极不满意的惩罚；战俘的待遇问题——在日本关押的27%的英美战俘、在德国关押的58%的苏联战俘以及在苏联关押的12%的德国战俘都在图圄中客死异乡；还有对合谋者问题的讨论；希腊和意大利内战的后果；轰炸、迁徙和分裂的社会影响问题；民主化进程的扩大问题；在一个越发开放的世界尽力创造普遍的机会均等；打破阶级社会壁垒的尝试；以及妇女解放问题。她们数百万计地投身所有经济部门，担任军界助理、高射炮操作助手、医护人员、常规士兵及游击队员，这导致传统的女性形象以及直到战争初期还被灌输的女性自我认识受到极度质疑。

第二次世界大战改变了全球的国家实力版图，新的国际格局存在了近50年：政治上表现为被意识形态隔开的两极世界秩序，军事上表现为冷战带来的恐惧平衡。欧洲仍然居于世界风云的中心，但欧洲各国已从世界政治的主体蜕变成了客体。这一点完全直接地体现在被打败的大国德国身上。其失败是如此彻底，以至于类似1918年[①]的、不愿承认溃败的情形都没有出现。这就让

---

① 1918年第一次世界大战结束，德国宣布投降。——译者注

德国加入民主国家联合体变得容易。日本方面的表现也差不多，1951年9月8日，它在中国和苏联并未签署的《旧金山对日和约》上签字，由此失去了殖民帝国的威望和强国地位。

在战胜国那里，权力政治上的扭转在去殖民化的进程中方才显现出来；同联合国的建立和国际法的后续发展一样，去殖民化也属于此次世界大战的普遍历史后果。美国在1946年7月4日就已经解放菲律宾，让其独立。1947年2月10日，在另外还牵涉芬兰、保加利亚、罗马尼亚和匈牙利的《巴黎和约》中，意大利表示放弃它的殖民地。接下来，殖民帝国瓦解的浪潮席卷了比利时、法国、英国、荷兰、葡萄牙和西班牙。作为被压迫民族的解放运动，这一瓦解浪潮在亚洲、近东和非洲的进展各不相同。然而，这一深刻变化引发了众多国家的独立，其世界史意义是毋庸置疑的。在这一变化过程中，一场关乎欧洲历史的戏剧由其他主角登场，在民族国家、独裁专制、民主化和工业化的张立关系中以某种方式重演。

同样属于第二次世界大战遗产的还有融合性团体组织的扩大，而欧洲国家正开始朝着这个方向前进。这意味着，欧洲越来越被视为一个民主的、巩固和平的架构。

在战争结束几十年后,以欧盟身份示人的欧洲打算成为一支独立自主、富有魅力的世界政治力量。

看起来,世界大战的时代已在全球政局中画上句号。1990年9月12日,《最终解决德国问题条约》规定了统一后德国的边境问题;自从这一条约签字以来,世界的分隔问题最终得到克服,没有什么"铁幕"将各国人民隔开。尽管如此,第二次世界大战在很多生活领域还将继续产生影响,这一点在可以预见的将来应该几乎不会改变:太多问题悬而未决;战争留下了太深刻的创伤;虽然历经多次战犯审判,对战争的司法处理仍然怨声载道。

后 记

"现在,就是这同一场苦难,它眼窝深陷,在废墟间驱逐着你们,是你们冷酷地给欧洲其他民族带来了这场苦难,而在这场由你们制造的不幸发生之后,你们甚至都没有回望一眼。"也是因为奥地利作家弗朗茨·韦尔弗[①]在1945年5月写下的这句话颇为中肯,我们与这场有58个国家参加的第二次"大战"之间的历史、

[①] 弗朗茨·韦尔弗(Franz Werfel,1890—1945):奥地利作家。他生于布拉格一犹太富商家庭,在布拉格长大。1915年至1917年在奥地利军队服役,后在维也纳战时新闻社工作,从此成为职业作家。1938年法西斯统治奥地利时流亡法国,1940年逃往西班牙,后经葡萄牙去美国,1945年在美国去世。文中引用的这句话来自他1945年5月发表在《科隆信使报》上的一篇文章《灵魂的拯救》。——译者注

政治和心理纠葛远未结束。在交际中崇尚缄默或内心抑制的人会臆测，我们之所以如此断言，是因为对德国历史上最恐怖的时期心怀执着的国家自我迷恋，而事实上这二者并无关联。推崇心照不宣的人会经常要求将过去一笔勾销，或者仅仅留存对1933—1945年的选择性记忆。但实际上，从全球视角对纳粹时代进行批判性讨论大有必要，目的是在全世界的关联中来理解和铭记这一事件。

这本有关第二次世界大战历史的小书试着为上述目的做出一点贡献。因为本书所属的"知识"书系的规定，这里呈现的是非常集中的叙述，并且不得不舍弃学术参考资料。尽管如此，我仍然希望这本书清楚地讲述了战争的进程，并形象地展现了其复杂的特质。

笔者感谢尤尔根·弗尔斯特尔博士、弗里德里希·哈贝尔先生、迪特尔·哈特维希博士、沃尔夫冈·米夏卡教授博士以及瓦尔特·施文格勒博士对手稿的细致阅读。理应感谢的还有出版社校对团队的成员，尤其是德特勒夫·费尔肯博士，感谢他跟我一直以来的愉快合作。

推荐书目

有关二战的书籍汗牛充栋,以下挑选的少许德语书目可以让读者深入了解与这一主题相关的具体层面。

Der deutsche Angriff auf die Sowjetunion 1941. Die Kontroverse um die Präventivkriegsthese, hrsg. von Gerd R.Ueberschär und Lev A.Bezymenskij, Darmstadt 1998. (*Fundierte Widerlegung der Präventivkriegsthese, mit wichtigen Dokumenten.*)

Das Deutsche Reich und der Zweite Weltkrieg, hrsg. vom Militärgeschichtlichen Forschungsamt, 10 Bde., Stuttgart 1979–2008. (*Grundlagenforschung; trotz qualitativer Schwankungen und konzeptioneller Schwächen ein Standardwerk.*)

Ulrich Herbert, Fremdarbeiter. Politik und Praxis des „Ausländer-Einsatzes " in der Kriegswirtschaft des Dritten Reiches,

2. Aufl., Berlin, Bonn 1986. (*Kenntnisreichste Untersuchung zum Thema.*)

Klaus Hildebrand, Deutsche Außenpolitik 1933–1945. Kalkül oder Dogma? 4. Aufl., Stuttgart 1980. (*Ein Klassiker, der Hitlers Politik umfassend darstellt und treffsicher verortet.*)

Andreas Hillgruber, Hitlers Strategie. Politik und Kriegführung 1940–1941, 2. Aufl., München 1982. (*Unübertroffene und aspektreiche Untersuchung, deren Erscheinen 1965 für die Weltkriegsforschung eine Zäsur bedeutete.*)

Helmut Krausnick und Hans-Heinrich Wilhelm, Die Truppe des Weltanschauungskrieges. Die Einsatzgruppen der Sicherheitspolizei und des SD 1938–1942, Stuttgart 1981. (*Mustergültige Grundlagenforschung.*)

Bernd Martin, Deutschland und Japan im Zweiten Weltkrieg. Vom Angriff auf Pearl Harbor bis zur deutschen Kapitulation, Göttingen 1969. (*Als deutschsprachige Arbeit ohne Konkurrenz.*)

Manfred Messerschmidt und Fritz Wüllner, Die Wehrmachtjustiz im Dienste des Nationalsozialismus. Zerstörung einer Legende, Baden-Baden 1987. (*Unverzichtbar für jede Auseinandersetzung mit derWehrmachtjustiz.*)

Klaus-Jürgen Müller, Armee, Politik und Gesellschaft in

Deutschland 1933–1945, 4. Aufl., Paderborn 1986. (*Drei konzise, methodisch richtungweisende Interpretationsbeispiele.*)

Rüdiger Overmans, Deutsche militärische Verluste im Zweiten Weltkrieg, München 1999. (*Akribische, methodisch überzeugende Arbeit, die alle zuvor präsentierten Daten obsolet macht.*)

Repression und Kriegsverbrechen. Die Bekämpfung von Widerstandsund Partisanenbewegungen gegen die deutsche Besatzung in West- undSüdeuropa, hrsg. von Ahlrich Meyer, Berlin, Göttingen 1997. (*Der Band schloss eine Forschungslücke.*)

Stalingrad. Ereignis, Wirkung, Symbol, hrsg. von Jürgen Förster, München, Zürich 1992. (*International das aspektreichste Buch über Stalingrad.*)

Christian Streit, Keine Kameraden. Die Wehrmacht und die sowjetischen Kriegsgefangenen 1941–1945, Bonn 1991. (*Materialreiches, bahnbrechendes Werk.*)

Die Wehrmacht. Mythos und Realität, hrsg. von Rolf-Dieter Müller und Hans-Erich Volkmann, München 1999. (*67 Aufsätze bieten wertvolle Informationen, doch kein Gesamtbild.*)

Gerhard L.Weinberg, Eine Welt in Waffen. Die globale Geschichte des Zweiten Weltkriegs, Stuttgart 1995. (*Umfangreiche*

Studie, bemerkenswert die auf neue Quellen gestützte Interpretation der Politik von Präsident Roosevelt.)

Der Zweite Weltkrieg. Analysen, Grundzüge, Forschungsbilanz, hrsg. Von Wolfgang Michalka, München und Zürich 1989. (*56 gut ausgewählte Aufsätze zu fast allen Aspekten des Krieges.*)

直接引文出自以下文献：

Winston S.Churchill, Der Zweite Weltkrieg, Bd. 6: Triumph und Tragödie, 2. Buch, Stuttgart 1954; Max Domarus, Hitler. Reden und Proklamationen 1932–1945, kommentiert von einem deutschen Zeitgenossen, Bd. 2: Untergang (1939–1945), Wiesbaden 1973; Joseph Goebbels, Die Tagebücher. Im Auftr. des Instituts für Zeitgeschichte und mit Unterstützung des Staatlichen Archivdienstes Rußlands hrsg. von Elke Fröhlich, Teil 1: Aufzeichnungen 1923–1941, Bd. 3/II-9, München 1998–2001; Teil 2: Diktate 1941–1945, Bd. 1–15, München 1993–1996; Adolf Hitler, Monologe im Führerhauptquartier 1941–1944. Die Aufzeichnungen Heinrich Heims, hrsg. von Werner Jochmann, Hamburg 1980; Hitlers politisches Testament. Die Bormann Diktate vom Februar und April 1945. Mit einem Essay von Hugh R.Trevor-Roper und einem Nachwort von André Francois-Poncet,

Hamburg 1981; Hitlers Weisungen für die Kriegführung 1939–1945. Dokumente des Oberkommandos der Wehrmacht, hrsg. von Walther Hubatsch, 2. Aufl., Koblenz 1983; Hans-Adolf Jacobsen, Der Weg zur Teilung der Welt. Politik und Strategie 1939–1945, Koblenz 1979; Karl Jaspers, Die Schuldfrage. Von der politischen Haftung Deutschlands, München 1996; Michael Salewski, Die deutsche Seekriegsleitung 1935–1945, Bd. 3: Denkschriften und Lagebetrachtungen 1938–1944, Frankfurt a.M. 1973; Albert Speer, Erinnerungen, Berlin 1969; Staatsmänner und Diplomaten bei Hitler. Vertrauliche Aufzeichnungen über Unterredungen mit Vertretern des Auslandes 1939–1941, hrsg. von Andreas Hillgruber, Frankfurt a.M. 1967; Die Weizsäcker-Papiere 1933–1950, hrsg. von Leonidas E.Hill, Frankfurt a.M. 1974; Bundesarchiv Berlin, NS 19/3666: Persönlicher Stab Reichsführer SS, betr.: Hitler in Prag 1939.

德中译名对照表

德文原文	中文译文
Adolf Hitler	阿道夫·希特勒
Albert Kesselring	阿尔伯特·凯塞林
Albert Speer	阿尔伯特·施佩尔
Alfred Jodl	阿尔弗雷德·约德尔
Ali al-Gailani Raschid	阿里·阿勒盖拉尼·拉希德
Anami Korechika	阿南惟几
Anthony Eden	安东尼·艾登
Arthur Neville Chamberlain	亚瑟·内维尔·张伯伦
Benito Mussolini	本尼托·墨索里尼
Bernard Law Montgomery	伯纳德·劳·蒙哥马利
Charles de Gaulle	夏尔·戴·高乐
Chester William Nimitz	切斯特·威廉·尼米茨
Clement R. Attlee	克莱门特·理查德·艾德礼
Cordell Hull	科德尔·赫尔
Douglas MacArthur	道格拉斯·麦克阿瑟
Dwight D. Eisenhower	德怀特·戴维·埃森豪威尔
Edouard Daladier	爱德华·达拉第
Emil Hácha	埃米尔·哈查

Engelbert Dollfuß	恩格尔伯特·多尔富斯
Erich Hoepner	埃里希·霍普纳
Erich von Manstein	埃里希·冯·曼施泰因
Ernst von Weizsäcker	恩斯特·冯·魏茨泽克
Erwin Rommel	埃尔温·隆美尔
Ewald von Kleist	埃瓦尔德·冯·克莱斯特
Fedor von Bock	费多尔·冯·博克
Francisco Franco Y Bahamonde	弗朗西斯科·佛朗哥·Y·巴哈蒙德
Franklin D. Roosevelt	富兰克林·德拉诺·罗斯福
Franz Halder	弗兰茨·哈尔德
Franz Werfel	弗兰茨·韦菲尔
Friedrich Paulus	弗里德里希·保卢斯
Fritz Todt	弗里茨·托特
George Patton	乔治·巴顿
Georgij K. Zukov	格奥尔吉·康·朱可夫
Gerd von Rundstedt	格尔特·冯·伦德施泰特
Graf Ciano Galeazzo	加莱阿佐·齐亚诺伯爵
Hans-Jürgen vonArnim	汉斯-于尔根·冯·阿尼姆
Harry Hopkins	哈里·霍普金
Harry Truman	哈里·杜鲁门
Heinrich Himmler	海因里希·希姆莱
Henry Philippe Pétain	亨利·菲利浦·贝当
Hiroshi Oshima	大岛浩
Hoshijiro Umezu	梅津美治郎
James Ramsay MacDonald	詹姆斯·拉姆齐·麦克唐纳
Joachim von Ribbentrop	里宾特洛普
Johannes Blaskowitz	约翰内斯·布拉斯科维兹
Josef Stalin	约瑟夫·斯大林
Joseph Goebbels	约瑟夫·戈培尔
Josip Broz Tito	约瑟普·布罗兹·铁托
Kaiser von Japan,Hirohito	日本，裕仁天皇
Karl Dönitz	卡尔·邓尼茨

Karl Jaspers	卡尔·雅斯贝尔斯
Kichisaburo Nomura	野村吉三郎
König von Griechenland, Georg II.	希腊国王，乔治二世
König vonItalien, Vittorio Emanuele III.	意大利国王，维克托·艾曼努尔三世
König von Jugoslawien, Peter II.	南斯拉夫国王，彼得二世
König von Norwegen, Haakon VII.	挪威国王，哈康七世
Konoe Fumimaro	近卫文麿
Kurt Student	库尔特·施图登特
Kurt Zeitzler	库尔特·蔡茨勒
Mark Wayne Clark	马克·韦恩·克拉克
Martin Bormann	马丁·博尔曼
Maurice-Gustave Gamelin	莫里斯-古斯塔夫·甘末林
Maximilian Freiherr vonund zu Weichs	马克西米连·魏克斯男爵
Mohammed Amin Husseini	穆罕默德·阿明·胡塞尼
Paul Reynaud	保罗·雷诺
Pierre Laval	埃尔·赖伐尔
Pierre-Etienne Flandin	皮埃尔-艾蒂安·弗朗丹
Pietro Badoglio	佩特罗·巴多格里奥
Reinhard Heydrich	莱茵哈德·海德里希
Schenk Grafvon Stauffenberg Claus	克劳斯·申克·冯·施陶芬贝格伯爵
Subhas Chandra Bose	博泽
Toyoda Soemu	丰田副武
Vjaceslav Michajlovic Molotov	维亚切斯拉夫·米哈伊洛维奇·莫洛托夫
Walther von Brauchitsch	瓦尔特·冯·勃劳希奇
Wilhelm Keitel	威廉·凯特
Wilhelm List	威廉·利斯特
Wilhelm Ritter von Leeb	威廉·里特尔·冯·勒布

Winston Churchill	温斯顿·丘吉尔
Wladyslaw Sikorski	乌拉斯迪拉夫·希科尔斯基
Yamamoto Isoroku	山本五十六
Yosuke Matsuoka	松冈洋右

图书在版编目（CIP）数据

第二次世界大战 /〔德〕格哈德·施赖伯著；
何俊译 . —上海：上海三联书店，2020.11
（贝克知识丛书）
ISBN 978-7-5426-7184-4

Ⅰ.①第… Ⅱ.①格…②何… Ⅲ.①第二次世界大战－战争史 Ⅳ.① K152

中国版本图书馆 CIP 数据核字（2020）第 173732 号

第二次世界大战

著　　者 /〔德〕格哈德·施赖伯
译　　者 / 何　俊
责任编辑 / 程　力
特约编辑 / 苑浩泰
装帧设计 / 鹏飞艺术
监　　制 / 姚　军
出版发行 / 上海三联书店
　　　　　（200030）中国上海市漕溪北路 331 号 A 座 6 楼
印　　刷 / 北京天恒嘉业印刷有限公司
版　　次 / 2020 年 11 月第 1 版
印　　次 / 2020 年 11 月第 1 次印刷
开　　本 / 787×1092　1/32
字　　数 / 72 千字
印　　张 / 5.75

ISBN 978-7-5426-7184-4/K·611

定　价：35.80元

DER ZWEITE WELTKRIEG by Gerhard Schreiber
© Verlag C.H.Beck oHG, München 2013
Simplified Chinese language copyright © 2020
by Phoenix-Power Cultural Development Co., Ltd.
All rights reserved.
本书中文简体版权归北京凤凰壹力文化发展有限公司所有，并授权上海三联书店有限公司出版发行。
未经许可，请勿翻印。

著作权合同登记号　图字：09-2018-621 号